Martine Delaud

Découvertes

Das Trainingsbuch

4

Klett Lerntraining

Zu diesem Trainingsbuch gehört eine Audio-CD. Mit ihrer Hilfe lernst du, Französisch besser zu verstehen. Die Texte sind im Buch mit dem Symbol gekennzeichnet. Wenn du die Diktate und Lückendiktate schreibst, benutze die Pausentaste, um Zeit zum Schreiben zu haben. Viel Erfolg!

Sprecher: Sonia Blin, Gilles Floret, Christine Séguret, Sebastian Ludwig
Produktion: Bauer Studios GmbH, Ludwigsburg

Bibliografische Information der Deutschen Nationalbibliothek
Die Deutsche Nationalbibliothek verzeichnet diese Publikation in der Deutschen Nationalbibliografie; detaillierte bibliografische Daten sind im Internet über http://dnb.d-nb.de abrufbar.

Auflage 6 5 4 | 2012 2011 2010
Die letzten Zahlen bezeichnen jeweils die Auflage und das Jahr des Druckes.

www.klett.de/lernhilfen

Zeichnungen: François Davot, Troyes; Christian Dekelver, Weinstadt; Helga Merkle, Albershausen
Umschlaggestaltung: Christian Dekelver, Weinstadt
Satz: Klaus Bauer, Bondorf
Druck: Mediahaus Biering GmbH, München

Printed in Germany
ISBN 978-3-12-929893-0

INHALT

LEKTION 1

Der Gebrauch des *Subjonctif* – *L'emploi du subjonctif*

Der ***Subjonctif*** ist ein Modus, der die Einstellung des Sprechers zum Gesagten wiedergibt. Er wird also im Alltag oft gebraucht. Er kommt automatisch im Nebensatz, nach Verben und Äußerungen, die eine **Notwendigkeit**, eine **Forderung**, einen **Wunsch**, ein **Gefühl** oder eine **persönliche Wertung** ausdrücken.
Diese Ausdrücke nennt man ***Subjonctif*-Auslöser**. Sie sind alle von ***que*** begleitet.
Sagt deine Mutter z. B. zu dir:

Zieh deine Jacke an. — Mets ton blouson. (*Indicatif*)

kannst du diese Aussage so beschreiben:

Il faut
Ma mère veux
Elle aimerait
Elle exige
Elle trouve bien
} **que** je mette mon blouson. (*Subjonctif*)
dass ich meine Jacke anziehe.

Tipp Bei vielen Verben auf *-er* hört man nur bei *nous* und *vous* den *Subjonctif*. Bei allen anderen Personalpronomen klingen die Verben genauso wie im *Présent*.

1 Erkenne, ob die markierten Verben im *Subjonctif* (S) oder im *Indicatif* (I) konjugiert sind.

Je trouverais bien que tout le monde **porte** (___) un uniforme.

Je sais que tu **t'intéresses** (___) beaucoup à Marine.

Il propose qu'on **cherche** (___) ensemble une solution.

Elle dit que je **m'habille** (___) comme un vieux.

J'ai peur qu'elle me **quitte** (___).

Je voudrais que tu m'**achètes** (___) un nouveau portable.

Il faut qu'on **appelle** (___) Lucas.

2 Verschaffe dir einen Überblick der regelmäßigen *Subjonctif*-Formen, die du in *Découvertes 3* gelernt hast. Als gemeinsamen Auslöser nimm: *C'est nécessaire que …*

	Verben auf -*er*	**Verben auf -*ir* Typ *finir***	**Verben auf -*ir* Typ *sortir***	**Verben auf -*dre* Typ *attendre* (außer *prendre*)**
	(trouver)	(choisir)	(partir)	(attendre)
je	___	___	___	___
tu	___	___	___	___
il/elle	___	___	___	___
nous	___	___	___	___
vous	___	___	___	___
ils/elles	___	___	___	___

3 Bilde nun mit Hilfe der vorigen Tabelle den *Subjonctif* der folgenden Verben.

Il faut que tu (dormir) ____________________ plus.

Je voudrais qu'on (réussir) ____________________.

Il interdit que les élèves (porter) ____________________ des jeans.

Je n'aime pas que tu (répondre) ____________________ comme ça.

Elle a peur que tu (sortir) ____________________ avec d'autres filles.

Il propose que nous (organiser) ____________________ une manif.

C'est important que tu (mettre) ____________________ des fringues branchées.

Verben mit zwei Stämmen – *Le Subjonctif présent*

Bei Verben mit zwei Stämmen im ***Présent*** wird der *Subjonctif* aus dem Stamm der 3. bzw 1. Person Plural gebildet.
Beispiel *venir:*

Présent	**Subjonctif**
je viens	que je **vienn**e
tu viens	que tu **vienn**es
il/elle/on vient	qu'il/elle/on **vienn**e
→ nous **ven**ons	que nous **ven**ions
vous venez	que vous **ven**iez
→ ils/elles **vienn**ent	qu'ils/elles **vienn**ent

Die Endungen sind die gleichen wie bei Verben mit einem Stamm.

4 Bringe dir die Verben mit zwei Stämmen in Erinnerung.

Je voudrais que tu me (comprendre) ______________________ mieux.

Je préfère que tu ne (boire) ______________________ pas d'alcool.

Il faut d'abord qu'on (recevoir) ______________________ la permission.

C'est important que vous (apprendre) ______________________ le subjonctif!

Je propose que vous (venir) ______________________ chez moi.

Je crains que nous (devoir) ______________________ nous excuser.

Elle exige que je (voir) ______________________ le proviseur.

Il faut que je lui (acheter) ______________________ un cadeau.

5 Wie du siehst, sind dir viele *Subjonctif*-Formen aus dem *Présent* bzw. aus dem *Imparfait (nous/vous)* schon vertraut. Wiederhole die Sonderformen, denn sie kommen sehr häufig vor. Wähle die richtige Form in jeder Reihe und streiche die falschen durch.

faire	que je faise	que je fasse	que je faisse
être	que tu sois	que tu aies	que tu êtes
pouvoir	qu'il poive	qu'il peuve	qu'il puisse
aller	qu'ils aient	qu'ils aillent	qu'ils allent
savoir	que nous savions	que nous saurions	que nous sachions
avoir	qu'elle ait	qu'elle aille	qu'elle aye
vouloir	que tu veules	que tu veuilles	que tu voules

6 Forderungen und Notwendigkeit gehören zum Alltag der französischen wie der deutschen Schüler. Übersetze die *Subjonctif*-Auslöser.

Le proviseur **(verbietet)** ____________________ que les élèves fassent du trafic.

(Es ist wichtig) ____________________ que vous pensiez à vos examens.

(Er verlangt) ____________________ que tout le monde soit là.

(Es ist Zeit) ____________________ que tu reviennes.

(Es muss sein) ____________________ que tu parles à Max.

(Er bittet) ____________________ qu'on lui raconte tout.

7 Wie denkst du darüber? Drücke deine Meinung mit einem Adjektiv aus. Danach kommt natürlich der *Subjonctif.*

– L'école est obligatoire jusqu'à 16 ans.

Moi, je trouve ________________ que l'école ______________ obligatoire jusqu'à 16 ans.

– Supermarketor connaît très bien tes goûts.

Moi, je trouve ________________ qu'il ____________________ mes goûts.

– Lara Croft te dit la marque que tu dois acheter.

Moi, je trouve ________________ qu'elle me ______________ quelle marque je dois acheter.

– Lucas fait tout pour plaire à Marine.

Moi, je trouve _______________ qu'il ______________ tout pour lui plaire.

8 Was verlangen und wünschen Lehrer und Eltern von dir?

Ils veulent/exigent

que je (être) ______________ à l'heure pour les cours.

que je (faire) ________________ mes devoirs.

que j'(apprendre) ______________________ bien mes leçons.

que je (mettre) ________________ des vêtements ringards.

que j'(arrêter) _________________ de jouer avec mon portable.

que j'(avoir) _________________ de bonnes notes.

que je (réussir) ______________________ mes examens.

que j'(aller) _________________ souvent au CDI.

que je (savoir) _________________ par cœur les verbes français!

9 Neben den *Subjonctif*-Formen ist es genauso wichtig, die *Subjonctif*-Auslöser zu kennen. Wähle selbst einen Auslöser aus folgender Tabelle.

Forderung und Notwendigkeit: Il faut que Je veux / J'exige / J'interdis que Il est important/nécessaire que Il est temps que	**Wunsch, Bitte und Vorschlag:** J'aimerais que / Je voudrais que Je préfère que Je désire / Je souhaite que J'ai envie que Je propose que
Gefühle und persönliche Wertung: Je trouve bien/mal/bête/triste ... que Je suis content(e) / heureux/-euse) que	**Befürchtung:** Je crains que J'ai peur que

+ Subj.

Forderung: Je ____________________ que tu m'expliques.

Befürchtung: Je/J'____________________ qu'il fasse une bêtise!

Freude: Les copains du lycée sont ________________ que Max soit de retour.

Vorschlag: Marine ____________________ qu'on fasse une manif.

Wunsch: Son copain ________________ que Marine porte sa jolie robe noire.

negative Wertung: Je trouve ____________________ qu'on ne puisse pas quitter le lycée à midi.

10 Ob du mit der Mode gehst oder nicht, du kennst bestimmt alle Kleidungsstücke, die sich hier im Buchstabensalat verstecken. Füge *un/une* hinzu.

BORE:	____________________	LULP:	____________________
PEJU:	____________________	EJAN:	____________________
LIPS:	____________________	TROSH:	____________________
TUCOSME:	____________________	SIMECHE:	____________________
TANPLANO:	____________________	SOLUBON:	____________________
TESCHATUSE:	____________________	GOGJIGN:	____________________

11 In der Lektion 1 drehen sich viele Wörter um Mode und Werbung. In diesem Rätsel wirst du einige wiederfinden. Fülle die Felder in der Reihenfolge der Umschreibungen aus. Ein Buchstabe aus dem Wort *Étiquette* und die Anzahl der Buchstaben sind dir als Hilfe vorgegeben.

1 Synonyme de «chic».
2 Personne qui achète et utilise des produits.
3 On les voit partout. Elles montrent des pubs.
4 Suny, Mephito, Ribok sont des … fictives.
5 Mot qui signifie les choses que tu aimes.
6 Quand tu dis «je fais du 36–38», tu donnes ta … .
7 Le nom collectif de tous les textiles que tu portes.
8 Si tu n'es pas libre de t'habiller comme tu veux. Si tu dois porter les marques à la mode, c'est une … .
9 Utiliser son argent pour acheter des choses.

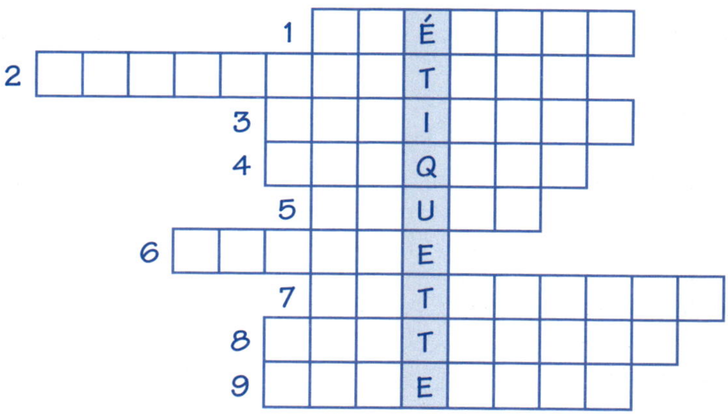

12 Kombiniere die zueinanderpassenden Begriffe.

1.	une affiche
2.	l'argent
3.	le trafic
4.	des sandales
5.	des fringues
6.	un slip
7.	des lunettes
8.	des vêtements

a)	de bain
b)	de marque
c)	de soleil
d)	de poche
e)	d'étiquettes
f)	de plage
g)	de grand-père
h)	de pub

13 Finde eine andere Art, diese Ideen auszudrücken.

Dire la vérité à quelqu'un: ______________________________

Identifier un objet par la mémoire,
voir de quelle catégorie il fait partie: ______________________________

Ne pas avoir assez d'argent: ______________________________

Ne pas aimer quelque chose: ______________________________

Faire venir quelqu'un officiellement: ______________________________

Avoir peur: ______________________________

La situation va mal finir: ______________________________

Lerntipp: Textverständnis

Noch bevor du einen Text liest, findest du viele Nebeninformationen, die dir einiges über den Inhalt verraten:

- Der Titel fasst oft die Gesamtidee zusammen.
- Jeder Absatz entspricht einem wichtigen Aspekt/Argument.
- Die Quelle sagt dir, für welches Publikum er geschrieben wurde und um welche Art Text es sich handelt (Werbung, Zeitung, Roman …).
- Ist ein Bild oder Foto dabei, hast du zusätzliche Informationen, die zu dem Thema passen.

Damit kannst du dir schon Gedanken machen über den Inhalt und die Absicht des Autors. Soll der Text dich amüsieren, informieren, provozieren, verführen? Schreibt der Autor über Fakten oder über seine eigene Erfahrung? Gibt er seine persönliche Meinung?

Lies zuerst einmal den kompletten Text durch. Stütze dich dabei immer auf die Vokabeln, die du schon kennst. Unterstreiche die bekannten Wörter. Suche dann in jedem Abschnitt die wichtigen Wörter (Schlüsselwörter). Überlege, welche eine positive bzw. negative Bedeutung haben. Bei den neuen Wörtern wirst du Detektiv spielen können. Viele wirst du aus dem Zusammenhang (Kontext) irgendwie verstehen. Andere wirst du aus Erfahrung hier erwarten. Andere klingen vielleicht wie Wörter aus deiner Sprache oder aus dem Englisch/Italienisch …

Den Rest kannst du dir einfach zusammenreimen!

14 Probiere diese Methode mit dem Text auf Seite 19 in deinem Lehrbuch. Versuche so zu tun, als würdest du ihn zum ersten Mal entdecken.

– Wie lautet der Titel?
– Worum kann es gehen?
– Wieviel Teile hat der Text?
– Woher kommt der Text?
– Für welches Publikum ist er geschrieben?
– Was siehst du auf dem Bild?

Jetzt liest du den ganzen Text ohne Stress und ohne alles gleich verstehen zu wollen.
– Was will der Autor dir sagen?

Nun fängst du an, einen Abschnitt nach dem anderen zu lesen.
– Was sind die Schlüsselwörter im 1. Abschnitt?
– Welche Wörter kannst du von deutschen Vokabeln ableiten?
– Welches Wort ist für dich absolut neu?
– Wie kannst du dieses Wort in etwa interpretieren?

Und so machst du weiter mit den weiteren Absätzen.

15 Weil du den Text *Comment les marques te draguent* auch im Unterricht studiert hast, kannst du dich nun mit den Details befassen. Kreuze den Satz an, der den Textinhalt am besten wiedergibt.

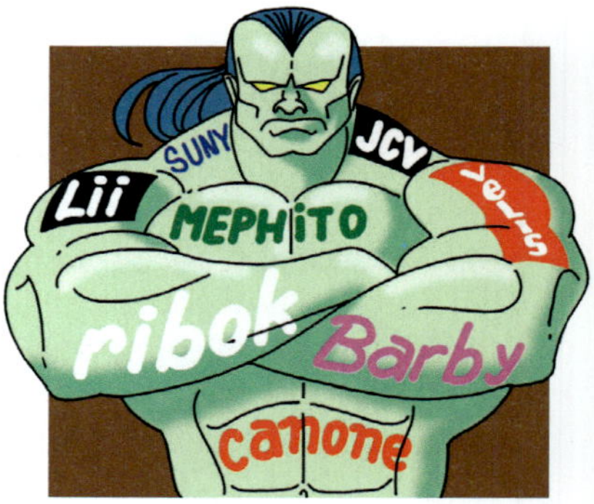

– Supermarketor veut faire de toi un parfait consommateur.
  - ☐ a) Il veut que tu réfléchisses bien avant d'acheter.
  - ☐ b) Il veut que tu achètes beaucoup.

– Quand tu regardes ton écran, les marques vont directement dans ton cerveau.
  - ☐ a) Tu mémorises les pubs sans t'en apercevoir (= dans ton subconscient).
  - ☐ b) Les pubs sont faites pour que tu les regardes avec attention.

– Supermarketor a tous tes codes.
  - ☐ a) Il utilise les symboles que tu aimes pour te manipuler.
  - ☐ b) Il sait ton numéro de portable et ton adresse e-mail.

– Lara Croft te dit le nom de la nouvelle voiture de ton papa.
  - ☐ a) Lara connaît bien ta famille. Elle sait même quelle voiture vous avez.
  - ☐ b) Parce que tu adores Lara, tu veux que ton père ait la même voiture qu'elle.

Hören und verstehen 1

16 Höre genau hin. Die folgenden Aussagen sind entweder richtig oder falsch. Kreuze an und gib bei „falsch“ die richtige Antwort.

1. ☐ richtig ☐ falsch
2. ☐ richtig ☐ falsch
3. ☐ richtig ☐ falsch
4. ☐ richtig ☐ falsch
5. ☐ richtig ☐ falsch
6. ☐ richtig ☐ falsch

Hören und nachsprechen 2

17 Höre dir die folgenden Sätze an und sprich sie nach.

Hören und schreiben 3

18 Höre dir den vollständigen Text an und ergänze die Lücken.

Il faut que je ____ ________ quelque chose, mais je veux que ____ ________ un secret ________ nous. – D'accord. Alors? – Eh bien, tu sais que depuis ____________ ________, je ________ avec Marine.

– Ouais et tu as bien ____ ____ __________: c'est la ________ ________ fille du lycée! – Oui, mais …, voilà, quand on est ensemble, je __ __________. Elle ne s'intéresse __ ________ sauf à la mode. Alors, on passe ________ ________ ________ dans les boutiques. Mais dernièrement, sa copine Laure _____ ________ avec nous. Elle n'a pas la __________ mannequin et elle ne __ ____________ pas branché. Mais si tu __________ comme elle est ________ et __________________! Je crois que je suis tombé ____________.

Das Wesentliche verstehen

19 Das Thema der Marken sorgt unter den Schülern wie auch bei den Eltern für große Aufregung. In einer großen französischen Studie wurden beide Parteien gefragt. Das Ergebnis der Untersuchung zeigt viele Widersprüche. Finde diese in der folgenden Zusammenfassung.

L'uniforme des temps modernes

Questionnés sur l'importance des marques, seulement 11% des ados ont répondu qu'ils trouvaient important de porter des vêtements branchés alors que les parents estiment que 62% des jeunes accordent une grande importance aux marques. Et la réalité montre en effet que la plupart des ados préfèrent mettre des vêtements de marque. Cette attitude vis-à-vis des marques est un phénomène relativement nouveau. La génération des parents affirme que cela n'existait pas quand ils étaient, eux, au collège.

D'après l'enquête, ce sont surtout les élèves de 5e qui y sont le plus sensibles. Les signes les plus importants sont les chaussures et le sac à dos. Côté vêtements, on distingue différents styles: skateur, shall, girly, baba, rider … Et les ados sont de vrais experts en matière de marques: ils reconnaissent du premier coup d'œil le petit détail qui fait la différence. «On regarde les vêtements avant de parler à quelqu'un. C'est dommage mais c'est comme ça.», constatent beaucoup de lycéens. Par conséquent, on ignore complétement ceux qui ne sont pas branchés, on se moque d'eux ou on les rejette carrément. Une situation très dure qui fait souffrir les jeunes qui ne sont pas intéressés par la mode ou qui n'ont pas assez d'argent pour se payer les accessoires chics et chers. Un sujet aussi difficile pour les parents qui voudraient que leurs enfants soient acceptés par leurs camarades mais qui condamnent en même temps cette façon de penser. Beaucoup de parents font alors des compromis, comme cette mère qui dit: «Je lui donne la somme que je mettrais pour ce vêtement et il complète avec son argent de poche.» Et si le budget familial ne suffit pas, les ados font du trafic d'étiquettes (7% d'entre eux).

Mais d'où vient cet intérêt pour les marques? Certains prétendent que les vêtements de marque sont plus beaux et que ça se voit tout de suite. D'autres pensent (à tort) qu'ils sont de meilleure qualité. D'autres sont sensibles à la pub surtout quand elle est faite par leurs idoles sportives ou du show-biz. Ils veulent alors leur ressembler. En même temps, ils pensent tous que la mode permet de reconnaître ses «pairs» et d'affirmer sa personnalité et son goût individuel.

Le marketing des grandes marques utilise différentes stratégies pour influencer les jeunes. Par exemple, ils habillent gratuitement les collégiens leaders d'opinion. Ou ils envoient des équipes de jeunes dans la rue pour distribuer des échantillons ou des gadgets portant leur logo. Ou bien ils organisent des soirées «people» avec des stars qui reçoivent jusqu'à 500 000 € par an pour porter leurs marques. Ensuite, ils se servent de la presse jeune pour décrire en détails les vêtements de ces stars. Très vite, les ados font pression sur les parents pour avoir les mêmes choses que leurs idoles.

Mais aux yeux des adultes, la marque est l'uniforme des temps modernes: ceux qui la refusent ne sont pas intégrés, ceux qui l'adoptent sont prisonniers. C'est pourquoi beaucoup de parents souhaiteraient qu'on interdise les marques dans les écoles comme on interdit les signes religieux.

(Quelle: Internet. Dossier de presse 15.09.2005 par Dominique Marcilhacy pour l'Union des familles en Europe)

Kreuze an, ob die folgenden Aussagen den Textinhalt richtig oder falsch wiedergeben.

	richtig	falsch
Marken sind für Teenies wichtiger als sie meinen.	☐	☐
Dieses Interesse für Marken hat immer existiert.	☐	☐
In der Rangliste sind Schuhe und Rucksäcke das Wichtigste.	☐	☐
Jugendliche erkennen sofort die echten Marken.	☐	☐
Das Aussehen ist es nicht, auf das man zuerst achtet.	☐	☐
Wer nicht „in" ist, wird trotzdem allgemein akzeptiert.	☐	☐
Eltern haben mit dieser Modementalität Probleme.	☐	☐
Eltern bezahlen ihren Kindern die Markensachen komplett.	☐	☐
Man trägt Marken, um unter seinesgleichen zu sein.	☐	☐
Markenkleidung ist von besserer Qualität.	☐	☐
Teenies lassen sich von der Werbung nicht beeinflussen.	☐	☐
Marken machen Werbung nur durch die Medien.	☐	☐
Stars verkaufen ihr Image für bestimmte Marken.	☐	☐
In Frankreich sind Religionssymbole in der Schule verboten.	☐	☐

LEKTION 2

Der Gebrauch des Konditionals 1 – *L'emploi du conditionnel présent*

Das *Conditionnel présent* wird sehr viel benutzt, denn damit kann man einen **Wunsch**, eine **Vermutung**, eine **virtuelle Vorstellung**, einen **Ratschlag**, eine **Möglichkeit**, einen **Vorschlag** oder eine **höfliche Bitte** ausdrücken.

J'aimerais bien faire un stage.	→	Wunsch
Tu crois qu'il nous prendrait?	→	Vermutung
Je mangerais des frites tous les jours.	→	virtuelle Vorstellung
A ta place, je partirais avec eux.	→	Ratschlag
On pourrait peut-être demander.	→	Möglichkeit
Vous pourriez commencer demain?	→	höfliche Bitte

1 Beim Lesen der Kleinanzeigen kommen dir die folgenden Gedanken in den Sinn. Setze das *Conditionnel* ein.

AVIS

Cherche animateurs / animatrices entre 16 et 18 ans qui ont envie de travailler dans une colonie de vacances à orientation sportive en Bretagne (natation, escalade, kayak, VTT, etc.) du 11 au 24 août avec des jeunes de 13 à 15 ans.
Salaire net/j: 26 euros.
Contactez-moi pour en savoir plus:
Monsieur Gilles Gardet,
22 bv Carnot
F-59000 Lille

Un job dans une colonie de vacances serait idéal pour moi,

je (rencontrer) ______________________ d'autres jeunes,

je (faire) ____________ beaucoup de sport,

je (passer) ____________ mes journées dehors,

je (gagner) ________________ de l'argent.

Recherche

Vous aimez vous lever très tôt?
JF/JH dynamique, souriant(e), très motivé(e) pour vendre des fruits et des légumes dans les Halles 3j/semaine. Expérience souhaitée.
Prière de me contacter au: 03.59.57.94.49. Demandez Frédérique.

Mais vendre des fruits et légumes

ne me (plaire) ________________ pas du

tout parce que je (devoir) ______________

me lever très tôt, alors je (être) ____________

toujours fatigué(e) et j'(avoir) ____________

du mal à être souriant(e).

2 Die Personen, die die Anzeigen geschrieben haben, haben auch ihre Wunschvorstellungen. Wie lauten sie?

> ## BB à garder
> 
> Cherche jeune fille sérieuse (à partir de 14 ans) à temps partiel pour s'occuper d'un bébé (14 mois) à domicile (Lille, place Jeanne d'Arc) pour juillet et août. Expérience vivement souhaitée. Merci de me contacter.
> **Sylvie.Durand@net.fr**

Mme Durand n'est pas contente de sa baby-sitter actuelle.

Elle cherche une fille sérieuse qui

(ne pas laisser) ______________________

son bébé pleurer et qui s'en (occuper)

______________________ bien.

M. Martinez espère trouver une personne sympathique pour la réception du camping.

Il s'imagine une personne qui

(avoir) ______________ une voix agréable,

qui (être) ______________ ponctuelle,

qui (répondre) ______________________

au téléphone et qui (parler)

____________________ bien anglais.

> ## Accueil-Camping
> *Recherche JF/JH pour répondre au téléphone et recevoir les touristes en juillet – août 5 h/jour.*
> *Politesse, voix agréable et ponctualité demandées. Connaissances d'anglais et d'allemand souhaitées.*
> *C.V. + photo.*
> *Ecrire à: Philippe Martinez*
> *7 rue J.-J. Rousseau F-59000 Lille*

Der Bedingungssatz – *La phrase conditionnelle*

Der Bedingungssatz setzt sich aus zwei Teilen zusammen: der ***si*-Satz** (oder Nebensatz) drückt die **Bedingung** (wenn, falls) aus, der **Hauptsatz** die **Folge** (dann).

Hält man die **Bedingung für möglich/wahrscheinlich**, benutzt man in dem ***si*-Satz** das ***Présent*.** Danach steht im **Hauptsatz** (Folge der Bedingung) das Verb im ***Présent*,** im ***Impératif*** oder im ***Futur simple*.**

Si je **fais** ce stage,	tu **peux** venir avec moi.
(wohl möglich, realistisch)	**écris**-moi souvent.
	on ne se **verra** pas en août.

Wenn die Erfüllung der **Bedingung unrealistisch** oder **unmöglich** erscheint, steht im ***si*-Satz** das ***Imparfait***, im **Hauptsatz** das ***Conditionnel présent***.

Si elle **trouvait** un trésor,	elle **serait** la star du stage.
(sehr unwahrscheinlich)	

Tipp Vor *il/ils* wird ***si*** zu ***s'***.

3 Übersetze diese „wenn"-Sätze.

Wenn ich bis 10 Uhr nicht da bin, fangt ohne mich an.

____

Wenn wir zelten, dann werde ich bestimmt schlecht schlafen.

____

Wenn du Goldstücke finden würdest, würdest du sie behalten?

____

Wenn es ein Hund aus der Römerzeit wäre, hätte Caro schon Erfolg.

____

Wenn wir allein sind, werde ich dir etwas erzählen.

____

Die „wenn"-Sätze – *L'emploi de «si» et «quand»*

Im Deutschen benutzt man **„wenn"** für sehr verschiedene Fälle.
Wenn er groß ist, dann wird er Pilot.
Wenn ich einen Termin habe, dann bin ich immer pünklich.
Wenn du zuerst da bist, dann kaufst du die Karten.
Wenn ich 20 wäre, würde ich in Frankreich leben.

Im Französisch unterscheidet man, ob **„wenn"** eine **sichere Situation** bedeutet oder nur eine **Eventualität**. Entsprechend übersetzt man:

Quand il **sera** grand, il **sera** pilote.	(irgendwann, sicher)
Quand j'**ai** un rendez-vous, je **suis** toujours à l'heure.	(immer wenn)
Si tu **arrives** le premier, tu **achètes** les billets.	(falls)
Si j'**avais** 20 ans, je **vivrais** en France.	(wenn es so wäre, aber es ist nicht der Fall)

Tipp

In **Vergangenheitssätzen** wird ***quand*** mit **„als"** übersetzt.

Quand j'étais enfant	als ich ein Kind war
Quand je suis rentré	als ich nach Hause kam

4 Schaue dir die Zeiten gut an.
a) Ergänze die Sätze mit *si* oder *quand*
b) Notiere ihre Bedeutung mit „falls", „wenn" (sicher), „wenn" (fast unmöglich zu ändern), „immer wenn", „sobald", „als".

______________________ Marek l'invite, Caroline sera contente.

______________________ tu continues de creuser, tu trouveras sûrement quelque chose.

______________________ j'arriverai en Belgique, je vous appellerai.

______________________ Marek était petit, il vivait chez sa grand-mère.

______________________ vous trouvez un objet, vous mettez une étiquette.

______________________ j'avais moins chaud, je travaillerais plus vite.

______________________ elle rentrera, je lui dirai tout de suite la nouvelle.

Die indefiniten Pronomen – *Les pronoms indéfinis*

Die **indefiniten Pronomen** ersetzen eine **Gruppe** von **Sachen** oder **Personen**, die man nur **pauschal** bezeichnet. Sie sind meistens im **Plural** und richten sich nach dem **Geschlecht der Sachen- oder Personengruppe**, die sie vertreten.

J'ai lu plusieurs annonces (f.pl.).	
Quelques-unes / Certaines sont intéressantes,	(einige/manche)
d'autres, non.	(andere)
Elles proposent **toutes** des stages,	(alle)
les uns en France, **les autres** en Belgique.	(die einen, die anderen → stages)

Das indefinite Pronomen ***chacun*** findet man nur im **Singular** (f. oder m.)

Chacune cherche des jeunes.	(jede der Anzeigen)

Für die **Nullmenge** steht ***aucun/e***.

Mais **aucune ne** précise le salaire.	(kein einziges: Subjekt)
Je **n'en** ai trouvé **aucune** pour le mois de mai.	(kein einziges: Objekt)

Tipp Wenn ***aucun/e*** **Objekt** des Satzes ist, steht immer ***en*** (davon) als Bezugspronomen.

5 Übersetze die Pronomen.

Chacun à son goût!

– A Couvin, on a découvert des pièces romaines. (Einige) ______________ en or, (andere) ______________ en argent. On les a (alle) ______________ nettoyées, mais (keine einzige) ______________ n'était rare.

– (Jeder) ______________ voudrait faire une découverte. (Die einen) ______________ pour le plaisir, (die anderen) ______________ pour la gloire. Caro n'en a fait (keine) ______________, sauf un squelette de chien!

– Il a participé à plusieurs stages. (Manche) ______________ en France, (andere) ______________ en Belgique. (Alle) ______________ étaient pour les lycéens.

Etwas wünschen – *souhaiter quelque chose*

Weil die Wünsche mal groß, mal klein sind, braucht man auch mehrere Formen, um sie auszudrücken.

– einfache Wünsche mit **einfachem *Infinitif*** (ohne *de*)

Je voudrais venir.	... möchte ...
Je voudrais bien venir.	... würde gerne ...
J'aimerais venir.	... möchte gerne ...
J'espère venir.	... hoffe ...

– Wunschvorstellung mit ***de* + *Infinitif***

Je rêve de gagner.	... träume (etwas zu tun).
Ce serait génial de gagner.	Es wäre toll (etwas zu tun).

– Traumvorstellung: ***si* + *Imparfait***

Ce serait super si on gagnait.	... wenn wir gewinnen würden.
Si seulement j'avais 1000 €!	Wenn ich bloß ... hätte!

6 Du hast folgende Wünsche. Wie sagst du es auf Französisch?

Ich hätte gerne bald Ferien. – J'____________________

Ich hoffe, dich dort zu sehen. – J'____________________

Ich träume, Musiker zu sein. – Je ____________________

Es wäre toll, einen Monat am Meer zu verbringen. – Ce ____________________

Wenn er bloß anrufen würde! – S'____________________

Ich würde gerne zu deinem Fest kommen, aber ... –

J'____________________

Ich hoffe, es geht dir gut. – J'____________________

Es wäre super, wenn der Mathelehrer heute nicht da wäre. –

Ce ____________________

Etwas vorschlagen – *proposer quelque chose*

Um Franzosen erfolgreich zu etwas zu überreden, kann man zwischen mehreren wirksamen Methoden wählen.

– Direkt:	On va au ciné?
– Offenes Angebot:	Je te/vous propose d'aller au ciné.
– Meinung der anderen erfragen:	Tu aurais envie / Tu n'aurais pas envie d'aller au ciné?
– Bereitschaft erfragen:	Ça t'intéresserait / Ça te dirait d'aller au ciné?
– Einschließender Vorschlag:	On pourrait aller au ciné, non?
– Verführerisch:	Et si on allait au ciné ... ?

Tipp Die Franzosen lieben es, überrascht zu werden.
Also nicht immer dieselbe Masche anwenden!

7 Übe deine Überredungskunst. Mache Vorschläge wie beschrieben.

Tu voudrais faire une soirée réseau* avec tes copains français.
(Einschließender Vorschlag):

___

Tu es en disco et tu en as marre. Tu voudrais rentrer à la maison.
(Meinung der anderen erfragen):

___

Tu voudrais camper pendant le week-end. **(Offenes Angebot):**

___

Tu aimerais participer à un stage de voile mais pas seul.
(Bereitschaft erfragen):

___

Un garçon / une fille te plaît. Tu dis à un ami que tu voudrais l'inviter à une fête. **(Verführerisch):**

___

**soirée réseau:* Computerspiele mit vernetzten Computern

Einen Ratschlag geben – *conseiller quelque chose*

Es ist wahr: Ratschläge hört man nicht so gerne. Trotzdem gibt es Situationen, wo man helfen möchte, wenn auch sehr vorsichtig. Mit den folgenden Redewendungen, hättest du eine Chance, bei Franzosen auf ein offenes Ohr zu stoßen.

Tu pourrais … / Vous pourriez …	Du könntest … / Ihr könntet …
A ta place, je + ***Conditionnel***	Ich, an deiner Stelle würde …
Si j'étais toi, je + ***Conditionnel***	Wenn ich du wäre, würde ich …

8 Deine *corres* erzählen dir, was sie vorhaben. Du hast das Gefühl, sie machen einen Fehler. Du gibst ihnen gute Ratschläge.

Céline: Moi, je vais arrêter l'école à 16 ans.

– Moi, à ta place, je (continuer) ____________________ jusqu'au bac.

Geoffrey: Je vais prendre la voiture de mon père sans rien lui dire.

– Si j'étais toi, je lui (demander) ____________________ la permission.

Lise: J'attends Julie depuis 20 minutes. Je pars.

– Avant de partir, tu (pouvoir) ____________________ l'appeler sur son portable, non?

David: Notre prof d'anglais n'est jamais là.

– A ta place, je le (dire) ____________________ au proviseur.

Laure: Je n'ai pas de cadeau pour ma mère.

– Si j'étais toi, je lui (prendre) ____________________ un parfum.

9 Vor längerer Zeit hast du einige unregelmäßige Verben gelernt. Eine gute Gelegenheit, sie zu aktivieren.
Kreuze die richtige Form an und schreibe den Infinitiv dazu.

Je vous ☐ **envoyerai** ☐ **enverrai** ☐ **envoirai** mon cv. ____________

Il nous a ☐ **répondu** ☐ **répondons** ☐ **répondé**. ____________

Elles ☐ **accueillont** ☐ **accueillissent** ☐ **accueillent** les touristes. ____________

Je ☐ **me suis aperçu** ☐ **m'ai apercevu** ☐ **m'ai aperçu** de mon erreur. ____________

Bon, alors, vous ☐ **réfléchiez** ☐ **réfléchissez** ☐ **réflexez** à mon offre et vous m'appelez. ____________

Ça ☐ **m'a plaît** ☐ **m'ai plu** ☐ **m'a plu**. ____________

Elle ☐ **est devenue** ☐ **a deveni** ☐ **a devenu** animatrice. ____________

Je ☐ **me permis** ☐ **me permets** ☐ **me perme** de vous écrire. ____________

J'ai ☐ **li** ☐ **lisé** ☐ **lu** votre annonce. ____________

10 Vier Freunde nehmen an einem Archäologiepraktikum teil. Ergänze die Zusammenfassung mit den vorgegebenen Wörtern.

antiques chantier contents creuser découverte dinosaure équipes pièces site squelette or os outils

Les jeunes travaillent en __________ de vingt sur un __________ archéologique romain. Ils passent des heures à __________ pour trouver des objets __________. Tout à coup, Caroline trouve un premier __________, puis un autre encore. Peut-être que c'est le __________ d'une femme romaine. Marek pense que c'est plutôt les restes d'un __________!

Les amis de Caro sont très __________ parce qu'ils ont découvert quelques __________ en argent ou en __________, mais Caro n'a pas fait de __________ sensationnelle. Alors elle est frustrée et maintenant, il faut encore qu'elle range les __________. Elle commence à en avoir marre de ce __________!

11 Du bewirbst dich für einen Job, bei dem die französische Sprache verlangt wird. Folgende Vokabeln brauchst du automatisch. Ergänze.

C'est l'argent que tu gagnes pour ton travail: __________

Si tu as déjà travaillé ou si tu connais bien un domaine,

tu as de __________.

Ce document décrit les étapes de ta vie: __________

C'est une période où on apprend un métier: __________

Quand on demande du travail, on pose sa __________.

C'est la lettre qui accompagne une demande de travail:

la lettre ______________________

Ce sont toutes les choses que tu as apprises: ________________________

Quand on ne travaille que quelques heures ou jours par semaine,

on travaille __ __________ ______________.

Quand tu as rendez-vous chez un directeur pour te présenter,

tu passes un ____.

12 Du bist zum Vorstellungsgespräch eingeladen und musst dich gut vorbereiten. Nimm zum Üben den Lebenslauf von Christian Beckmann. Bilde ganze Sätze in der *je*-Form.

Je _____________ Christian Beckmann. J'__________

à Paris. Je ________ ________ le 05/03/1993.

Actuellement, je ________ _____ ____________

de seconde _____ lycée Théophile Gautier.

Avant, je ________ ________ au collège Anne Frank.

Jusqu'en 2004, j'_____ ________ à Berlin.

J'ai de l'expérience professionnelle: j'_____ ________ __________ des

cours de dessins à des enfants. J'ai aussi __________________ dans un

jardin d'enfants. Je __________ bien français et allemand. En 2005,

j'_____ __________________ à un échange scolaire à Bruxelles.

Je ________ _______________ en informatique.

Et je ________ _____ dessin et _____ théâtre.

13 Stéphanie hat einen Bewerbungsbrief geschrieben. Leider hat sie darauf Kaffee verschüttet. Hilf ihr die verschmierten Teile neu zu schreiben.

______: candida_____ au stage

Madame, Monsieur,

_______ à votre __no____ que j'ai lue au

__________ d'affichage de mon l_____,

je me permets de _______ ma candidature au stage

d'ar________gie que vous proposez en _____, à Couvin,

__ Belg_____.

___ 15 ans et je suis en classe de s________.

Après le bac, je voudrais faire des ________ d'archéologie.

Il est _____ très imp________ pour moi d'avoir des

exp___________ dans ce do_______.

Dans l'es_____ d'une répo____ positive,

je vous _____, Monsieur, Madame, de croire à

l'expr________ de mes salut________ distinguées.

Stéphanie Parot

Ci-______: un C.V.

Hören und verstehen 4

14 Höre genau hin. Die folgenden Aussagen sind entweder richtig oder falsch. Kreuze an und gib bei „falsch" die richtige Antwort.

1. ☐ richtig ☐ falsch
2. ☐ richtig ☐ falsch
3. ☐ richtig ☐ falsch
4. ☐ richtig ☐ falsch
5. ☐ richtig ☐ falsch
6. ☐ richtig ☐ falsch

Hören und nachsprechen 5

15 Höre dir die folgenden Sätze an und sprich sie nach.

Hören und schreiben 6

16 Höre dir den vollständigen Text an und ergänze die Lücken.

Sonia dit: Moi, je ____ ______________ bien comme ________________ de chaussures. J'__________ ______ chaussures! J'____ ____ de ____________ les ________________ et de tous ______ ____________. C'est __________________, les chaussures.

Ma grand-mère ____________ toujours: C'est à la coiffure et ______ chaussures, qu'on __________________ la classe __ ______ personne.

Arnaud dit: J'aime ________________ des histoires qui ________ ________. Par exemple, un ____________ de jeunes dans un __________ château en train de faire des ____________________ archéologiques. Ils ________________________ des squelettes de personnes __________________ ici depuis ___ ou ___ ans. Et puis, _____________ d'entre eux verraient des vampires. ___ ____________ entendraient des ____________ bizarres. Ce ____________ génial! Ouais, je suis ________ que je ________________ écrire des scénarios de films __________ ____ suspense!

Véronique dit: Moi, c'est clair: je ____ ________ ______ travailler pendant mes vacances! Je trouve que les vacances, ___ ______ ________ pour s'amuser. Je ___ ____ ______ ____________ de gagner mon argent de poche parce que mes parents ont ______ ____________ de me payer toutes les choses ________ j'ai envie. Alors pendant le ________ __ ________, je voyage beaucoup et je ________ chaque fois dans un __________ ________. J'ai fait du __________ dans le Colorado, du ____________ au Népal, de l'_______________ au Kenya. Et cette année, je voudrais __________________ le Sahara en Land-Rover.

Informationen heraussuchen

17 Ein Aufenthalt im Ausland lohnt sich immer. Egal, ob man ihn mit einem Praktikum kombiniert oder in einer Familie verbringt, es ist immer eine Bereicherung. Im Internet berichten junge Franzosen, wie ihr Aufenthalt in Deutschland gelaufen ist.

Charlotte de Bordeaux raconte son séjour en Allemagne.

Je m'appelle Charlotte, j'ai 15 ans et je viens d'effectuer un échange en Allemagne avec Julia, ma correspondante. J'ai passé mon séjour dans le nord de l'Allemagne du 10 mai au 3 août. Ensuite, Julia, est revenue avec moi et restera chez nous jusqu'au 15 octobre prochain. Durant 3 mois, j'ai habité dans une petite ville de 6000 habitants, à 50 km de Hambourg. J'ai suivi les cours de la 9ème classe avec ma correspondante dans une autre ville située à environ 20 minutes en bus.

La famille, qui m'a chaleureusement accueillie, est constituée de six membres: les parents, qui travaillent tous les deux, et leurs quatre enfants de 20 à 9 ans. Il y avait toujours quelqu'un pour s'occuper de moi, pour m'apprendre quelque chose de nouveau ou pour me faire découvrir l'Allemagne le soir (anniversaires, rencontres avec des amis, soirée sur la plage durant la «Kieler Woche»...) ! J'ai appris à jouer à quelques jeux de cartes comme «Fahrstuhl», «Schwimmen» et aussi à des jeux de société tels que «Siedler», «Jackpot», etc.

Comme l'aînée de ses sœurs a eu son bac cette année, je suis allée avec eux à l'ABI-Ball, une soirée très connue, très chic (tenue de soirée imposée) et réputée en Allemagne. C'était une sorte de bal de fin d'année ...

A l'école, j'ai été bien accueillie par les professeurs qui sont tous venus me serrer la main au début de leur cours. Les professeurs principaux venaient me voir de temps en temps pour savoir ce que j'avais fait le week-end, si tout se passait bien, etc. Ceux-ci étaient heureux dès que je prenais la parole ou essayais de faire les exercices. L'école en Allemagne est très différente de celle en France, puisqu'ils ne travaillent que le matin et ont leur après-midi libre. Par contre, ils n'ont qu'un mois de vacances! Les professeurs sont aussi beaucoup plus «cool» et laissent de grandes libertés. Certains nous offraient des glaces ou des chips, pour regarder des DVD. J'ai trouvé cela très surprenant, surtout quand on sait que ça ne se passe pas qu'à la fin de l'année!!

En conclusion, je ne regrette pas du tout ce séjour en Allemagne, je n'y ai pas rencontré beaucoup de difficultés. J'avoue avoir eu le mal du pays, une fois de temps en temps, mais c'est arrivé assez rarement puisque j'ai tout de suite été mise à l'aise par la famille et j'étais aussi en contact avec la France par Internet. C'était une expérience formidable qui m'a beaucoup apporté, aussi bien au niveau relationnel que linguistique. En effet, à mon arrivée, il fallait me parler très doucement pour que je comprenne, et parfois répéter plusieurs fois, mais au bout de quelques semaines, je pouvais suivre une conversation entre deux Allemands, et j'étais capable de me faire comprendre sans problèmes. Aujourd'hui, bien que je fasse encore des fautes de grammaire, j'ai acquis beaucoup de vocabulaire nécessaire pour m'exprimer.

Beantworte die Fragen:

Wie lange ist Charlotte in Deutschland geblieben?

Wo ist sie während dieser Zeit zur Schule gegangen?

Welche Unterschiede zwischen der deutschen und der französischen Schule stellt sie fest?

Was hat sie in der Schule am meisten überrascht/beeindruckt?

Woran sieht man, dass die deutschen Lehrer sich gut um sie kümmern?

Wieso war es ein Vorteil, in einer Großfamilie zu leben?

An welchen Gesellschaftsereignissen hat sie teilgenommen?

Welche Sprachschwierigkeiten hatte sie am Anfang?

Welche Fortschritte hat sie inzwischen im Deutschen gemacht?

LEKTION 3

Präpositionen vor Ländernamen (1) – *Préposition + nom de pays (1)*

Im Französischen stehen Ländernamen mit dem Artikel:
Il connaît bien **la** France et **l'**Italie. **Le** Danemark est un pays nordique.

Ländernamen die auf ***-e*** enden, sind in der Regel weiblich. Die anderen Ländernamen sind männlich. Einige Länder oder Inselnamen sind im Plural:
les Etats-Unis, les Pays-Bas, les Canaries.

Auf eine Frage mit „wo" und „wohin" steht:
bei **femininen** Ländernamen → **en**
bei **maskulinen** Ländernamen → **au**
bei Namen im **Plural** → **aux**

J'habite **en** Allemagne. On va **en** Italie, **au** Portugal. Il est **aux** Pays-Bas.

1 Du triffst viele junge Leute aus ganz Europa. Sie nennen den Ort, woher sie kommen. Weil der Name dir nicht bekannt ist, fragst du nach, in welchem Land es liegt. Schreibe die Antwort mit Präposition.

Tu viens d'où?	C'est où, exactement?
De Bari,	(I) *en*
De Valka,	(LV)
D'Almada,	(P)
De Dinan,	(F)
De Linares,	(E)
D'Eleusis,	(GR)
D'Aix-la-Chapelle, (= Aachen)	(D)
De Kampen,	(NL)

Präpositionen vor Ländernamen (2) – *Préposition + nom de pays (2)*

Um das Herkunftsland zu nennen (woher?) steht:

bei **femininen** Ländernamen → **de/d'** (ohne Artikel)
bei **maskulinen** Ländernamen → **du**
bei Namen im **Plural** → **des**

Ce produit vient **de** Belgique / **du** Portugal / **des** Etats-Unis.

2 Am Flughafen schaust du dir die „Ankunft"-Tafel an. Notiere dir, aus welchem Land die Maschinen stammen.

Provenance	L'avion arrive ...
11.50 Rome	
11.53 Amsterdam	
11.56 Paris	
11.57 Copenhague	
12.00 Athènes	
12.05 Francfort	

Der Gebrauch des Pronomens *y* – *L'emploi du pronom «y»*

Das Pronomen ***y*** hat zwei Funktionen.

- Es ersetzt alle **Ortsangaben**, **außer** diejenigen, die **mit *de*** beginnen.
  Es beantwortet die Frage: **wo? wohin?**
  Tu es allé à Strasbourg? – Oui, j' y suis allé. dorthin
  Tu habites en Suisse? – Non, mais je vais y habiter bientôt. dort

- Es ersetzt Sachen, die von der Präposition ***à*** begleitet sind.
  Tu joues **au tennis**? – Oui, j'**y** joue souvent.
  Il participe **à l'Eurogame**? – Oui, il **y** participe.
  Tu as répondu **aux questions**? – Oui, j'**y** ai répondu.

3 Hast du gut aufgepasst? Welche Orte sind hier beschrieben?

Stella y rencontre Jens. ______________________

Jens y est déjà allé avec sa classe. ______________________

Mara et Zé s'y sont promenés. ______________________

On y trouve 12 étoiles. ______________________

La mère de Jens y est née. ______________________

4 Deine französischen Freunde wollen alles über dich wissen. Antworte.

Tu crois aux vampires? ______________________

Tu es né(e) en Allemagne? ______________________

Tu aimes jouer aux cartes? ______________________

Tu t'intéresses au football? ______________________

Tu es déjà allé(e) en Alsace? ______________________

Der Gebrauch des Pronomens *en* – *L'emploi du pronom «en»*

Das Pronomen ***en*** hat auch zwei Funktionen.

- Es ersetzt einen **Ort**, der **mit *de*** beginnt. Es beantwortet die Frage: **woher?**
  Elle sort **de l'école** à 5h. Elle **en** sort fatiguée. — daraus
  L'avion arrive **de New-York**. Il **en** arrive avec un peu de retard. — von/aus

- Es ersetzt Sachen, die von der Präposition ***de*** begleitet sind.
  Elle rêve **de ses dernières vacances**. Elle **en** rêve. — davon
  Tu t'occupes **de la présentation**? – OK, je m'**en** occupe. — darum
  Tu as visités **des monuments**? – Oui, j'**en** ai visité plusieurs. — davon

Tipp Unterscheide zwischen der Präposition ***en***, wie z. B. *en Suisse* (in der Schweiz) und dem Pronomen ***en***: *J'en reviens* (Ich komme von dort).

5 Mit Pronomen spart man Zeit und Worte. Sehr wichtig für die Franzosen, die immer schnell reden wollen! Sieh selbst, wie unmöglich die farbigen Sätze klingen. Fasse sie kürzer.

Stella et Jens sont dans la grande salle du Parlement européen de Strasbourg. Ils sortent **de la grande salle du Parlement européen de Strasbourg.**

→ ______________________________

Les jeunes sont allés en France, à Strasbourg exactement. Ils sont revenus **de France, plus exactement de Strasbourg,** très contents.

→ ______________________________

Les élèves étaient dans la salle no 345 au 3e étage du lycée Raynouard. Ils sont sortis **de la salle no 345 au 3e étage du lycée Raynouard** depuis cinq minutes.

→ ______________________________

Nous sommes allés à l'office de tourisme près de la gare. Nous sommes revenus **de l'office de tourisme près de la gare** avec plusieurs brochures.

→ ______________________________

Infinitivergänzung mit zeitlicher Bedeutung – *Construction infinitive à valeur temporelle*

Man kann den genauen Zeitpunkt einer Handlung mit den folgenden Infinitivergänzungen betonen.

Vor einer Handlung: On va faire un jeu.	***aller + Infinitif*** etwas tun werden
Der **Anfang** einer Handlung: Je commence à comprendre.	***commencer à + Infinitif*** beginnen zu
Während einer Handlung: Il est en train de dormir.	***être en train de + Infinitif*** dabei sein etwas zu tun
Das **Ende** einer Handlung: Elle a arrêté de fumer.	***arrêter de + Infinitif*** aufhören etwas zu tun
Kurz nach einer Handlung: On vient (juste) d'arriver.	***venir de + Infinitif*** gerade/soeben etwas getan haben

6 Erzähle, was diese Personen a) gerade getan haben, b) was sie jetzt machen, c) was sie danach tun werden.

Jens: donner rendez-vous à Stella – *Stella:* se faire belle pour sortir – *Jens et Stella:* se retrouver dans un bistro.

Anna: se lever – préparer le petit déjeuner – réveiller son copain

Les jeunes d'Euroscola: entrer dans le Parlement – faire des photos – discuter tous ensemble

Toi: ouvrir ton Training de français – faire des exercices – être fatigué(e)!

7 Ersetze die Symbole durch eine Infinitivform.

→ Zukunft •→ Beginn ~ dabei →• Ende ←--- soeben

Mara/Pedro → visiter la cathédrale.
En 2003, Sabrina •→ apprendre le français.
Le journaliste d'Arte ←--- poser des questions aux jeunes.
Jens ~ présenter son lycée devant tout le monde.
Le mois dernier, je →• envoyer des SMS.
A la 5e question, l'Eurogame •→ devenir difficile.

Verbergänzung mit reinem Infinitiv – *Verbes avec un infinitif direct*

Am häufigsten steht ***de*** vor einer Infinitivergänzung.
Deshalb ist es sinnvoll, sich die anderen Fälle gut zu merken, wo der Infinitiv ohne Präposition vorkommt. Als Hilfe sind hier die Verben mit dem reinen Infinitiv in Kategorien sortiert. Verben der

Vorlieben: aimer, préférer, adorer, détester:	Il déteste danser.
Gedanken: penser, croire, (s')imaginer	Elle pense arriver demain.
Wünsche: vouloir, désirer, souhaiter, espérer	J'espère trouver du travail.
Kommunikation: avouer, déclarer, dire	Il dit être surpris.
Sinne: écouter, entendre, regarder, voir, sentir	Je regarde la neige tomber.
Modalität: pouvoir, devoir, savoir, falloir	Il sait dessiner.

Tipp

Wird die Infinitivergänzung verneint, dann steht die **komplette Verneinung davor**:
Je souhaite ne pas / ne plus / ne jamais avoir de problèmes.

8 Übersetze.

Sie denkt, sie ist die schönste. – Elle ...

Wir wünschen uns, den 1. Preis zu gewinnen. – Nous ...

Ich hoffe, nicht nervös zu sein. – J'...

Er glaubt, die Präsentation problemlos machen zu können. – Il ...

Sie hört die Kinder spielen. – Elle ...

Ich wünsche, mit dem Direktor zu sprechen. – Je ...

Wir hoffen, euch bald zu sehen. – Nous ...

Verbergänzung mit *à* + Infinitiv – *Verbes avec «à» + infinitif*

Die Verben, die mit ***à + Infinitif*** begleitet werden, lernt man am besten auswendig. Hierzu eine Liste der häufigsten Verben mit *à*:

aider quelqu'un s'amuser apprendre commencer s'habituer motiver quelqu'un passer son temps réussir être prêt(e)	} à faire quelque chose
il reste (beaucoup de choses)	à faire

9 Ergänze die folgenden Verben – wenn nötig – mit *à*.

Elle espère ___ travailler pendant les vacances. – Je suis habitué(e) ___ me lever tôt. – Où est-ce que tu as appris ___ nager? – Il pense ___ arriver vers 8h. – Ils ont entendu quelqu'un ___ crier «Au secours!» – Je crois ___ avoir la solution du problème. – On va bientôt ___ commencer ___ jouer. – Je n'aime pas ___ faire des traductions. – Ils désirent ___ trouver un job d'été. – La prof a aidé les élèves ___ préparer l'exposé.

10 Wenn beim folgenden Eurogame die Frage nach der Nationalität gestellt würde, könntest du bestimmt viele Punkte sammeln.

La Tour de Pise est un monument ____________________.

La paella est une spécialité ____________________.

Le Time est un journal ____________________.

Les croissants et les baguettes sont des produits ____________________.

L'Edam est un fromage ____________________.

La Crète est une île ____________________.

Arte est un programme ________________ - ________________.

11 Übersetze die Verben in der Tabelle.

discuter d'un sujet	
	ergänzen
	beschreiben
présenter un thème	
	eine Frage beantworten
mener la discussion	
expliquer	
	eine Frage stellen
	ins Französische übersetzen
échanger des points de vue	

12 Ergänze die Sätze mit:

accent drapeau étoiles frontières interprète
jumelages langue étrangère traduction visa

Jens a choisi le français comme ______________________
______________________.

Il parle français sans ______________________.

Les limites d'un pays s'appellent
les ______________________.

Stella dit qu'il faut encore un ______________________
pour traverser la Croatie.

Chaque pays est représenté par un ______________ de différentes couleurs.

Celui de l'Europe a 12 ______________________.

Les habitants des pays européens peuvent se rencontrer grâce aux
______________________.

Si on ne parle pas la langue d'un pays, on a besoin d'un(e)
______________________.

Cette personne te donne
la ______________________
des mots dans ta langue
maternelle.

13 Sprachforscher haben festgestellt, dass man ein Wortwirrwarr in jeder Sprache auch verstehen kann, wenn Anfang- und Endbuchstaben stimmen. Probier es! Viel Spaß dabei!

Europa Direkt est une asaciositon ______________ qui onirsage ______________ des roncrentes ______________ et des sjéorus ______________ lusgniquities ______________ pour des junees ______________ de plusieurs notainalétis ______________.

Une bonne oscocian ______________ de muiex ______________ cantonîre ______________ nos prateniares ______________ eruepéons ______________.

14 Wenn du dich auf Französisch unterhältst, ist es absolut normal, dass du nicht alles sofort verstehst und nachfragen musst. Was sagst du in den folgenden Situationen?

Der Vater eines französischen Freundes erzählt dir Sachen, aber viel zu schnell.

Une copine t'a demandé quelque chose. Tu n'as pas écouté sa question.

Tu voudrais utiliser le mot «Erinnerung» mais tu ne connais pas la traduction française.

Tu es dans la rue, tout à coup, un Français te demande quelque chose. Tu ne comprends pas ce qu'il veut.

Quelqu'un t'a expliqué quelque chose, mais ce n'est pas encore bien clair pour toi.

Tu veux noter correctement un nouveau mot.

Tu entends le mot «jumelage» que tu ne connais pas.

Hören und verstehen 7

15 Höre genau hin. Die folgenden Aussagen sind entweder richtig oder falsch. Kreuze an und gib bei „falsch" die richtige Antwort.

1. ☐ richtig ☐ falsch
2. ☐ richtig ☐ falsch
3. ☐ richtig ☐ falsch
4. ☐ richtig ☐ falsch
5. ☐ richtig ☐ falsch
6. ☐ richtig ☐ falsch

Hören und nachsprechen 8

16 Höre dir die folgenden Sätze an und sprich sie nach.

Hören und schreiben 9

17 Höre dir den vollständigen Text an und ergänze die Lücken.

J'ai ______ ____ ________ adoré cet appartement et j'ai tout fait pour que les autres __ ________________ dans leur groupe. Mais ce n'était pas très facile parce qu'ils m'ont fait passer un véritable ________. Ils m'ont posé ____ ____________ _________ comme: «Quelle est ta _________ préférée?» ou «Comment est-ce que tu imagines ta vie _____ _____ ____?» Je n'en avais ________ _____ mais j'ai joué le jeu pour _____ faire _________. Pour eux, le plus grand problème, __ ____ ____ j'étais Français. Ce n'est pas qu'____ ____________ les Français, mais ils trouvaient que ça faisait beaucoup ___ __________ dans le groupe. Ils _________ _____ un Italien, ___ _________, un Danois, ____ __________ et une Espagnole.

Das Wesentliche verstehen

18 Alle sprechen von Europa. Wie sehen andere Länder Frankreich? Mehr dazu in dem folgenden Bericht – der nicht zu ernst zu nehmen ist!

Les Français vus par les autres Européens.

Une enquête récente effectuée auprès des Britanniques a beaucoup surpris leurs «ennemis héréditaires», les Français. En effet, 22 % des Anglo-Saxons ont avoué qu'ils auraient aimé être nés en France. Faute de quoi, ils y viennent volontiers, soit pour travailler, soit pour y passer leurs vacances et même leur retraite. Apparemment, les Britanniques ont oublié les vieilles querelles et les vieux préjugés selon lesquels les Français seraient sales, arrogants, compliqués et désorganisés. Alors comment expliquer ce changement radical de mentalité? D'après le chef rédacteur du magazine France, ce changement viendrait du fait que maintenant les Anglo-Saxons ont une meilleure connaissance de la France et des Français. Et que pensent les autres Européens de la France?

Dans l'ensemble, ils sont tous d'accord pour vanter le climat, les paysages variés, le patrimoine culturel et la gastronomie française: un pays où il fait bon vivre. Les Allemands ont même une expression pour désigner cette impression favorable: «leben wie Gott in Frankreich». Eh oui, la France serait le pays préféré des Allemands si seulement il n'y avait pas tous ces Français! A leurs yeux, ils sont trop chaotiques, exhubérants et indisciplinés. Les Néerlandais, eux, sont plus nuancés. Ils trouvent que les Français sont polis mais aussi impulsifs et émotionnels. Plus au Nord, les Norvégiens, Polonais et Danois estiment que les Gaulois sont de grands bavards, très impatients et toujours pressés. D'un autre côté, ils sont nombreux à reconnaître que les Français les ont accueillis chaleureusement et qu'ils sont toujours prêts à aider (quitte à donner de fausses informations!).

Est-ce que les Italiens et les Espagnols se montrent plus indulgents avec leurs voisins français? Pas vraiment. Ils leur reprochent d'être trop nationalistes, de ne pas parler une autre langue que le français, de n'avoir jamais le temps et d'être impolis avec les étrangers. Heureusement qu'il y a les Belges pour sauver ce tableau! Ils critiquent certes notre côté désordonné, notre fierté chauvine, nos nombreuses grèves mais ils nous trouvent malgré tout sympathiques. Ils sont gentils, les Belges, parce que nous Français, nous ne perdons jamais une occasion de nous moquer d'eux comme le prouvent toutes les blagues belges qui circulent dans notre pays …

a) Finde im Text die Wörter, die zu diesen Umschreibungen passen.

– C'est une période

où on ne travaille pas ______

où on ne travaille plus ______

où on arrête de travailler pour protester ______

Ça signifie «dire des choses positives sur quelqu'un / quelque chose»: ______

C'est un autre mot pour «clichés, pensées négatives»: ______

C'est un sentiment de satisfaction personnelle: ______

– C'est un adjectif qui signifie

parler et bouger beaucoup: ______

ne pas avoir le temps: ______

positif: ______

ne pas réfléchir avant de faire qc: ______

parler beaucoup/trop: ______

ne pas être propre, hygiènique: ______

ne pas aimer attendre: ______

se montrer tolérant avec les fautes: ______

ne pas avoir de bonnes manières: ______

aimer trop son pays (2 adjectifs): ______

b) Formuliere mit den entsprechenden Textteilen Aussagen zu den folgenden Behauptungen.

Les Français et les Britanniques ne s'aiment pas depuis des siècles.

____

Les Anglais ne pensent plus comme avant.

____

Comme les Britanniques ne sont pas nés en France, ils viennent souvent ici en vacances.

____

____

Les Britanniques sont aujourd'hui mieux informés sur la France.

____

____

C'est à cause de cela que la France n'est pas idéale pour les Allemands!

____

Les Italiens et les Espagnols ont des critiques contre les Français.

____

____

Les Français aiment aider les gens qui ont besoin d'informations et pour ça ils racontent toujours quelque chose même s'ils ne savent pas exactement.

____

Par chance, après toutes ces critiques, un pays a une opinion positive des Français.

____

Plattform 1 (Lektion 1 – 3)

1 Trainiere dein Gedächtnis: die Adjektive, die du schreiben sollst, sind in den Lektionen 1 bis 3.

Cet adjectif caractérise / désigne:

les langues:	le sport:
la perfection:	la magie:
la politesse:	la longueur:
l'Europe:	la ponctualité:
la culture:	la psychologie:
l'école:	la musique:
le tourisme:	Rome:
tous les pays du monde:	le monde du travail:

2 In der Lektion 2 werden Praktika angeboten. Angenommen du interessierst dich für den *stage d'archéologie*, weißt aber nichts darüber. Übersetze die Fragen zu den folgenden Punkten und beantworte sie.

Wann kann man an diesem Praktikum teilnehmen? ______________________

Wo genau findet es statt? *(= se passer)* ______________________

Wie lange dauert das Praktikum? ______________________

Wieviel kostet es? ______________________

Wie groß sind die Teams? ______________________

Woher kommen die Teilnehmer? ______________________

Wie alt sind die Praktikanten? ______________________

Wie ist man untergebracht? ______________________

Um wieviel Uhr beginnt morgens die Arbeit? ______________________

Was machen die Jugendlichen dort? ______________________

Was kann man dort finden? ______________________

Wie kann ich mich bewerben? ______________________

3 Notiere aus dem Gedächtnis mindestens vier Wörter für jede Kategorie und füge *le* oder *la* für eine komplette Wiederholung hinzu.

Les vêtements: ____ ____ ____ ____

La recherche de travail: ____ ____ ____ ____

Les professions: ____ ____ ____ ____

Les animaux: ____ ____ ____ ____

Les pays: ____ ____ ____ ____

4 Du hast gelernt mit *si seulement* + *Imparfait* einen Wunsch zu äußern. Diese Struktur drückt oft eine gewisse Sehnsucht aus. Benütze sie, um Wünsche auszudrücken.

____
____

Je suis trop petit.
Les filles ne me regardent pas.

____
____
____

Je ne peux pas dormir.

On habite à la campagne. Je m'ennuie.

____
____

____
____

Je n'ai pas de frère.

Ma mère ne m'écoute pas.

____
____

5 Du hast in den drei ersten Lektionen die *si*-Sätze gut geübt. Du kannst bestimmt mühelos die Teile aus der Tabelle gut kombinieren.

1.	Si tu connaissais Sandra,
2.	Si je participe au stage à Nîmes,
3.	Si on lui demandait,
4.	Si vous êtes fatigués,
5.	Si j'étais Dracula,
6.	Si tu veux plaire aux filles,
7.	Si vous avez besoin d'aide,

a)	faites une pause.
b)	tu devras t'habiller plus branché.
c)	j'habiterais dans un château.
d)	je ferai des progrès en français.
e)	vous pourrez m'appeler.
f)	il accepterait sûrement de nous aider.
g)	tu comprendrais ce que je veux dire.

6 *Si*-Sätze kommen in deiner Muttersprache oft vor. Nicht anders ist es im Französischen! Übersetze die folgenden Sätze, um dich fit zu machen.

Wenn ich Geld hätte, würde ich in den Ferien nicht arbeiten.
Wenn du ihn siehst, dann wirst du verstehen, warum ich verliebt bin.
Wenn es bloß weniger heiß wäre!
Wenn du zu einer französischen Familie fährst, vergiss nicht, Blumen zu bringen.
Wenn Sie das wiederholen könnten, wäre es sehr nett.

7 Erinnere dich, ob hier ein *Indicatif* oder ein *Subjonctif* verwendet wird.

J'espère que tout (aller) ________________ bien.

Mes parents voudraient que je (prendre) ____________ des cours d'anglais.

Moi, je ne crois pas que ce (être) ________________ nécessaire.

Elle propose que nous (passer) ________________ chez elle.

Tu crois que je (pouvoir) ________________ faire ce job?

J'espère qu'on (se voir) ________________ cet été.

Je trouve que tu (dormir) ________________ trop.

8 Entscheide, welches indefinite Pronomen richtig ist.

Les filles de mon lycée ne sont pas **plusieurs / toutes** d'accord pour la manif. **Les unes / chacune** la trouvent inutile, **les unes / les autres** ont peur des conséquences. Et **quelques / quelques-unes** préfèrent venir en classe. **Plusieurs / Tous** les élèves ne sont pas intéressés par la mode. J'en connais **certains / aucun** qui s'en moquent complètement. Et **d'autres / des autres** qui mettent ce qu'ils aiment.

9 Weil du fleißig lernst, bist du fit in Französisch. Deine Freunde brauchen dich oft als Dolmetscher. Hilf ihnen, die markierten Teile zu übersetzen.

Wie sagt man „Bewerbung" **auf Französisch**?

Sag ihr, **es würde mich sehr freuen!**

Wie sage ich denn: Du wirst nie darauf kommen?

Frage ihn: **Könntest du uns helfen?**

Es geht mir zu schnell! Sag einfach, **ich spreche kein Französisch.**

Ich bin nicht fertig. Sag, **ich brauche noch einige Minuten.**

10 Schreibe die Sätze um, indem du die markierten Teile durch *en* oder *y* ersetzt.

Stéphanie a découvert des pièces **sur le chantier romain de Couvin**.

Jens a parlé **de son lycée** devant 500 personnes.

Les élèves se moquent souvent **des vêtements ringards de Lucas**.

Le proviseur a convoqué Max **dans son bureau**.

Les amis de Caroline ont trouvé des objets intéressants mais elle n'a trouvé **aucun objet intéressant**.

Maintenant Caroline ne s'intéresse plus **à l'archéologie**.

Ils veulent participer **au stage d'archéologie** pendant les grandes vacances.

11 Ergänze mit den indefiniten Begleitern und Pronomen *tout, toute, tous, toutes*. Notiere in den Klammern, ob man sie (TU), (TUS) oder (TUT) ausspricht.

Pendant les vacances, ______________ (_____) ma famille se retrouve chez une de mes quatre sœurs. C'est elle qui organise ______________ (_____) avant notre arrivée, mais après, nous participons ______________ (_____) à la préparation des repas. C'est l'occasion de revoir ______________ (_____) les membres de la famille et nous sommes ______________ (_____) très contents d'être ensemble. On parle de ______________ (_____), on se raconte ______________ (_____) ce qui s'est passé dans l'année. Et ______________ (_____) la journée, les enfants jouent ______________ (_____) ensemble dans la piscine ou devant l'ordinateur. Et ______________ (_____) les soirs, ______________ (_____) les filles de la famille regardent le ciel pour voir des étoiles filantes*. Et nous faisons ______________ (_____) des souhaits quand une étoile passe.

*étoiles filantes: Sternschnuppen

12 Du hast vielleicht den Eindruck bekommen, dass der *Subjonctif* überall hingehört. Er kommt oft vor, aber niemals, wenn im Haupt- und Nebensatz dasselbe Subjekt steht.
Unterstreiche die richtige Form: *Subjonctif* oder *Infinitif*.

Je suis triste **que je ne puisse pas / de ne pas pouvoir** partir avec vous.

Elle craint **de faire / qu'elle fasse** une erreur.

Les élèves souhaitent **que Max revienne / Max de revenir.**

Le proviseur exige **de venir / qu'on vienne** tous.

Je regrette **que je ne comprenne pas tout / de ne pas tout comprendre.**

Notre prof souhaite **que nous soyons / d'être nous** les meilleurs.

13 Füge in die Sätze das Verb ein und bilde eine Infinitivkonstruktion.

Elle pense aux vacances. **(prendre)**

Ils passent leur temps avec des jeux. **(jouer)**

Mon frère a arrêté ses études de grec. **(étudier)**

Elle adore le sport. **(faire)**

Je me suis habituée au travail en équipe. **(travailler)**

Jens commence la présentation de son lycée. **(présenter)**

Il a appris le métier de chanteur. **(chanter)**

14 In dem Text *Le drapeau à douze étoiles* hast du diesen Ausdruck gelesen: *la petite Florence de l'Allemagne*. Gemeint war die Stadt Dresden. Diese „blumige" Umschreibung heißt im Französischen *une périphrase*. Es ist eine Wortgruppe mit der du etwas oder jemanden benennst, ohne den richtigen Namen zu benutzen. Ihr Zweck?

1. Dadurch vermeidest du lästige Wiederholungen.
2. Du kannst eine Sache beschreiben, deren Namen du nicht kennst.
3. Du kannst interessante, fantasievolle Details hinzufügen.

Es ist viel einfacher, als du denkst, wie du gleich sehen wirst. Finde heraus, wer oder was hier beschrieben wird. Einige Informationen stehen im Lehrbuch in Plateau 1.

La fête des enfants: ____________________

Le compagnon fidèle de l'homme: ____________________

L'inventeur de la première machine à calculer: ____________________

Le roi de la jungle: ____________________

Le petit Gaulois aux grandes moustaches: ____________________

Le dernier homme préhistorique du 21e siècle: ____________________

Le tricolore: ____________________

Le héros du roman «Paris au XXe siècle»: ____________________

Diktat

15 Schreibe den folgenden Text als Diktat. Lass ihn dir von jemandem diktieren, von dem du weißt, dass er eine gute Aussprache in Französisch hat. Anschließend vergleiche deine Fassung mit dem Text. Markiere die Fehler und schreibe die falschen Stellen einmal richtig, damit sich dir die richtige Schreibweise einprägt.

Plus qu'un mot, c'est toute la mentalité française qui se cache derrière le verbe «se débrouiller». Pour les Français, se débrouiller signifie être créatif et toujours trouver une solution pratique aux problèmes. Et dans la tête de chacun, il y a toujours cette phrase de Napoléon: «Impossible n'est pas français». Alors depuis son plus jeune âge, chaque enfant a entendu des centaines de fois des phrases comme: «Débrouille-toi tout seul. Débrouille-toi comme un grand!» Et peu à peu, il a appris que même quand la situation est difficile, il y a toujours moyen de s'arranger. C'est pour ça que les Français aiment improviser. Pour eux, c'est un peu comme un jeu.

Übersetzung

16 In einer Chat-Runde haben Schüler über das Thema Uniform in der Schule ihre Meinung ausgetauscht. Übersetze die folgenden Aussagen zu dem Thema.

Es wird oft behauptet, dass Schuluniformen besser seien, weil es dann diese Markenklamotten-Mentalität nicht mehr gäbe. Im Moment ist es an deutschen Schulen ja so, dass man nur akzeptiert wird, wenn man wie die anderen aussieht, das heißt dieselben tollen Markenklamotten trägt. Es ist aber leider so, dass manche Eltern es sich nicht leisten können, diese zu kaufen. So werden Kinder aus „ärmeren" Familien sofort geoutet (erkannt) und von den anderen verspottet.
In England tragen die meisten Schüler Uniform. Haben sie dann die gleichen Chancen in der Schule?

Man darf nicht vergessen, dass Schuluniformen auch gekauft werden müssen und das fast jedes Jahr, denn in unserem Alter ändert sich der Körper ganz schnell. Schließlich bedeutet es auch noch, viel Geld für Bekleidung auszugeben. Und eine Uniform kann man nicht überall kaufen: es gibt hierfür spezielle Geschäfte, in welchen man genauso Haute Couture Modelle wie auch Billigversionen findet. Und glaubt mir: den Unterschied sieht man deutlich! Deshalb haben englische Kinder, die nicht chicke „in"-Sachen tragen, null Chancen integriert zu werden.

Und dann die Vorstellung, 10–12 Jahre lang immer dasselbe zu tragen, gefällt mir nicht besonders.

In jedem Fall: wenn ich nicht wegen meiner Kleidung in der Schule ausgelacht werde, dann werde ich wegen meiner Schultasche, meiner Schuhe, meiner Frisur oder wegen meiner Stifte ausgelacht …

Fotoalbum

17 In den ersten drei Lektionen hast du die Geschichten von vielen Leuten gelesen. Nun kannst du mit Hilfe der Fotos testen, was du dir von diesen Personen gut gemerkt hast.

a) Beschreibe zuerst die visuellen Elemente: Was sieht man? Wo sind sie? Was machen sie gerade?
b) Bereite kleine Kommentare zu jeder Szene vor.

Im Lösungsteil kannst du anschließend Textvorschläge finden, damit du deinen Text vergleichen und eventuell verbessern kannst.

1. ______________________

2. ______________________

3.

4.

5.

LEKTION 4

Mengen und Zahlen – *Quantité et nombres*

Neben den Grundzahlen: 1, 2, 3 … gibt es viele Ausdrücke, die auch eine Menge bezeichnen. Es gibt:

- die **Ordnungszahlen**:
  1er, 1re: le premier, la première
  2e: le/la deuxième ou le second / la seconde

  Für alle weiteren Ordnungszahlen hängt man *-ième* an die Grundzahl. Wenn die Grundzahl auf *-e* endet, fällt dieser Vokal weg:
  4e: quatr**e** → le/la quat**rième**

- die **Bruchzahlen**:
  $^1/_2$, $^1/_3$, $^1/_4$: un demi, un tiers, un quart
  $^2/_3$, $^3/_4$: les deux tiers, les trois quarts
  aber auch mit anderen Zahlen:
  $^1/_5$, $^1/_{10}$, $^2/_5$: un cinquième, un dixième, deux cinquièmes …

- die **Prozentzahlen**:
  30 %: trente **pour cent** des élèves

- **verwandte Ausdrücke:**

un sur deux, un sur trois	**jeder zweite**, jeder dritte
la moitié de la ville	die Hälfte
la plupart de mes amis **sont** dans ma classe	die meisten
en moyenne	im Durchschnitt

Tipp

für das Datum die Grundzahlen benutzen: *le 12 (douze) mars*, nur beim Ersten eines Monats heißt es: *le premier*

In der Schule ist die höchste Note ***vingt***. Man sagt z. B.: *«J'ai eu quinze sur vingt en anglais.» Avoir la moyenne* bedeutet also 10/20 (10 Punkte von 20 möglichen).

1 Übersetze die Mengenangaben.

(Jeder dritte Anruf) ______________________________________

est pour ma sœur.

Elle téléphone (im Durchschnitt) ______________

______________________ trois heures par jour.

Les chaussures pour hommes sont au

(5. Stock) ______________________________.

(¼) ______________________ de mes copains habite dans mon quartier.

Tu as mangé (die Hälfte) ____________________________ du gâteau.

(Jedes zweite Jahr) __________________ je vais chez mes grands-parents.

(Die meisten Leute) ______________________________ voudraient

avoir une maison.

Il s'ennuie (¾) __________________________ du temps.

(Jeder dritte Schüler) ____________________________ a un portable.

2 Der arme Samuel kann sich keinem anvertrauen. Dabei könnte sein Leben ganz anders laufen, wenn …

a) Setze die Verben in die richtige Zeitform.
b) Verbinde Bedingungen und Konsequenzen.

1.	Si Samuel (avoir) ________ moins mal,
2.	Si Max et sa bande ne l'(attendre) ____________________ pas,
3.	Si sa mère (être) ________ plus souvent là,
4.	Si Vanessa (connaître) ______________ son problème,
5.	Si ses parents (prendre) _________ le temps de l'écouter,

a)	elle (être) __________ aussi en danger.
b)	il (dire) __________ tout à sa mère.
c)	ils (comprendre) __________ que la situation est grave.
d)	Samuel (accepter) __________ l'invitation de Vanessa.
e)	elle (voir) __________ que son fils a de gros problèmes.

3 Für französische Ohren ist es ein schriller Missklang, wenn nach einem *si* ein *Conditionnel* verwendet wird. Dir kann das nicht passieren, denn du weißt, dass hier ein *Imparfait* hingehört. Darum korrigiere schnell die folgenden Aussagen:

S'il habiterait ________________ à la campagne, il aurait une autre vie.

Si sa mère aurait ______________ le temps de l'écouter, il lui raconterait ses malheurs.

S'il verrait ______________ son père plus souvent, il serait plus heureux.

S'il demanderait ____________________ à Vanessa de l'aider, elle le ferait.

S'il n'aurait _____________ pas tous ces problèmes, il sortirait avec Vanessa.

Si sa mère ne serait ___________ pas médecin, elle aurait du temps pour lui.

Die indirekte Rede – *Le style indirect*

Um den **Inhalt** eines **Textes** oder **Dialogs wiederzugeben**, verwendet man die indirekte Rede. Das bedeutet, dass man zusammenfasst, was man gelesen bzw. gehört hat. Dabei benutzt man ***il/elle/ils/elles* und ein Verb des „Sagens“**, z. B.:
Il/Elle dit/raconte/annonce/explique/répond que …

Bei **Fragen** benutzt man:
Il/Elle **demande si** … oder **veut savoir si** …

Bei **einigen Verben des Sagens** kann das **Gesagte im Infinitiv** (statt *que* + *Indicatif*) wiedergegeben werden. Es ist der Fall mit:

Il/Elle lui/leur	dit	(sagt)	de **faire** attention.
	demande	(bittet/verlangt)	
	promet	(verspricht)	
	conseille	(empfiehlt)	
	propose	(schlägt vor)	
Il/Elle	prétend	(behauptet)	ne pas **avoir** le temps.

Tipp

Verwechsle nicht:
*Elle lui demande **s'il voudrait** (Conditionnel) réviser avec elle.*
(Sie fragt ihn, **ob er** mit ihr die Lektionen wiederholen **möchte**.)

***S'il voulait** (Imparfait) vraiment, il accepterait.*
(**Wenn** er wirklich möchte – Französisch: wollte –,
würde er zusagen.)

4 Fasse die Absicht der folgenden Aussagen zusammen und schreibe die Sätze in indirekter Rede um.

Samuel à Max et à sa bande: «Prenez mon portable, mais arrêtez!»

___

A l'hôpital, la mère de Samuel: «Je reviens te voir demain.»

___

Vanessa à Samuel: «On fait nos devoirs ensemble?»

___

La mère à Samuel: «Oublie tes rêves d'artiste!»

___

Samuel à Vanessa: «J'ai des courses à faire.»

___

Samuel à Max: «C'est vraiment la dernière fois.»

___

La mère à Samuel: «Ne t'en fais pas.»

___

5 In dieser Lektion findest du viele Verben auf *-dre*, die das *Participe passé* auf *-du* bilden. Wähle das richtige Verb für die folgenden Sätze und benutze das *Passé composé.*

attendre   défendre   se défendre   entendre prétendre
rendre visite   se rendre compte   répondre

Max et sa bande ______________________ Samuel à la sortie du lycée.

Samuel a eu peur quand il __________________ la bande arriver. Mais

d'abord, il ____________________ ne pas avoir peur d'eux. Sa mère lui

__________________ de prendre des médicaments de sa pharmacie. Quand

Max l'a menacé, Samuel ________________________: «Ça m'est égal.»

Quand les autres l'ont attaqué, Samuel ________________________ mais ils

étaient trois contre un. Plus tard, sa mère lui __________________________

à l'hôpital. Finalement, elle ____________________________________ que

son fils était malheureux.

6 Die Vokabeln aus dem Text *La crise* kannst du besser behalten, wenn du sie in Kategorien unterbringst. Finde für jede Spalte mindestens soviele Beispiele wie angegeben.

parties du corps (7)	domaine médical (6)	violence (7)	réactions/activités physiques (7)

7 Warum ist Samuel so unglücklich? Bringe die Sätze in eine sinnvolle Reihenfolge und verbinde sie mit:

d'abord et puis ensuite en plus enfin finalement

☐ ____________________ Max et sa bande me menacent.

☐ ____________________ mon père n'est jamais là.

☐ ____________________ je ne peux rien dire à Vanessa.

☐ ____________________ ma mère n'a jamais le temps pour moi.

☐ ____________________ j'en ai marre de cette ville grise.

☐ ____________________ je suis à l'hôpital avec un nez cassé.

8 Aber zum Glück sind nicht alle Vokabeln aus der Lektion 4 so dramatisch! Der erste Text befasst sich mit Malerei in jeder Form. Welche Wörter passen hier hinein?

Dans un musée, on regarde des ________________.

Un artiste peintre travaille dans un ______________.

L'artiste utilise une palette et des ________________.

Le ______________ en bâtiment, lui, utilise plutôt des ________________.

Passe-moi la __________ de peinture: j'ai une idée pour un tag!

Je vais changer la _____________ de ma chambre. Je vais la _____________ en rouge!

Certains pensent que les tags et les ________________ sont une forme d' _____________ moderne.

9 Um einen längeren Text leichter zu verstehen, solltest du dir zuerst überlegen, was die dir bekannten Wörter bedeuten.
Markiere in diesen Sätzen die zeitlichen Ausdrücke. Notiere, ob sie jeweils auf ein Datum oder einen bestimmten Moment, eine Dauer oder eine Häufigkeit hinweisen.

La mère travaille pendant que son fils meurt de peur et d'ennui. ______________

Elle court tout le temps. ______________

Elle a même ouvert la bouche environ 30 secondes. ______________

Elle lui dit qu'ils en parleront plus tard. ______________

Vanessa l'appelle un jour sur deux. Lui, un peu moins. ______________

Il avait peur depuis des semaines. ______________

Ils sont capables de racketter encore longtemps. ______________

Ce jour-là, sa vie a changé. ______________

Le lendemain, sa mère lui a rendu visite. ______________

10 Finde für die lockeren Ausdrücke ein Äquivalent im „Standardfranzösisch".

1.	Il se paye notre tête:
2.	Il frime devant Max et sa bande:
3.	Il en a marre de tout:
4.	Il a plein de choses à dire:
5.	Il leur file des drogues:
6.	Il tombe dans les pommes:
7.	Il ne s'en fait pas:
8.	Il lui casse la figure.

a)	il a beaucoup de choses à raconter.
b)	il perd connaissance[1].
c)	il le bat, il le frappe.
d)	il ne se fait pas de soucis[2].
e)	il se moque de nous.
f)	il bluffe, il joue le courageux.
g)	il en a assez de cette vie.
h)	il leur donne des médicaments.

1 *connaissance:* hier: Bewusstsein; 2 *soucis:* Sorgen (Denke an das Schloss Sans-Souci!)

11 Reflexe entwickeln: Was sagst du am besten in diesen Situationen? Wähle die richtige Aussage.

Une copine doit passer des examens médicaux.

- ☐ «Ne fais jamais ça.»
- ☐ «Ne t'en fais pas.»
- ☐ «Bientôt peut-être.»

Quelqu'un s'excuse devant toi.

- ☐ «Ce n'est pas grave.»
- ☐ «Ah, non, surtout pas!»
- ☐ «Ce n'est pas sérieux.»

Un ami te raconte pourquoi il a peur.

- ☐ «Je ne suis pas d'accord.»
- ☐ «Tout à l'heure.»
- ☐ «Je vois.»

On t'appelle pour venir à table.

- ☐ «Tout de suite!»
- ☐ «Tu as raison.»
- ☐ «Bientôt.»

On te demande de parler devant 200 personnes. Ce n'est pas ton truc.

- ☐ «Ça peut arriver à tout le monde.»
- ☐ «Ah non, surtout pas!»
- ☐ «Bien sûr.»

On te propose un truc idiot.

- ☐ «Ça va pas, non?»
- ☐ «C'est de ma faute.»
- ☐ «Tu ne veux pas comprendre!»

Un copain a besoin de ton aide.

- ☐ «Tu es fou!»
- ☐ «Tu as raison.»
- ☐ «Tu peux compter sur moi.»

Hören und verstehen 10

12 Höre genau hin. Die folgenden Aussagen sind entweder richtig oder falsch. Kreuze an und gib bei „falsch" die richtige Antwort.

1.	☐ richtig	☐ falsch	4.	☐ richtig	☐ falsch
2.	☐ richtig	☐ falsch	5.	☐ richtig	☐ falsch
3.	☐ richtig	☐ falsch	6.	☐ richtig	☐ falsch

Hören und nachsprechen 11

13 Höre dir die folgenden Sätze an und sprich sie nach.

Hören und schreiben 12

14 Höre dir den vollständigen Text an und ergänze die Lücken.

___ ____________ ____________, je suis tombée de mon VTT. Pendant un bon moment, je n'___ ____ ___ ________. J'avais _____ de partout, mais ____________ à la jambe. Et quand j'ai vu le _______ __________, je _______ __________ dans les pommes. C'est un copain qui __ ___ __________ par terre sur la route. Comme il savait que ma mère ________ ____________, il a cherché _____ __________ sur mon portable et l'a appelée. Et quand elle est ________ arrivée et ___ _______ a vu que ce n'était pas ________, elle __ ______________ __ m'engueuler. «Tu roules toujours ________ _____ ___________! Heureusement que tu avais ton casque sinon tu __________ sûrement _______ maintenant!»

Das Wesentliche verstehen

15

Une note pour le comportement des collégiens

Depuis une dizaine d'années, la violence à l'école a fortement augmenté. D'après une étude publiée en 2006, l'Education nationale a enregistré en 2005 plus de 80 000 actes de violence physiques graves dans le milieu scolaire. Des chiffres inquiètants qui obligent la société française à se poser des questions sur l'origine de ce phénomène. Pourquoi est-ce que même des jeunes de 12 ans se montrent si agressifs dès leur entrée au collège? D'après les experts, cela s'explique en partie du fait que la violence est également présente partout à l'extérieur de l'école: dans les quartiers, les banlieues mais aussi dans les familles. Et elle est dirigée contre toutes les formes d'autorité: contre les parents, les policiers, les professeurs et, en général, contre tous ceux qui portent un uniforme, mais aussi contre les bâtiments et les transports publics, avec une tendance plus marquée dans les grandes villes. Les raisons de cette montée de la violence sont nombreuses, mais elles sont souvent basées sur les inégalités sociales, sur la différence de plus en plus forte entre ceux qui ont de l'argent et ceux qui n'ont rien. Parallèlement à cela, les médias sont accusés de glorifier les manifestations agressives. On pense encore aujourd'hui au cas de Zidane pendant la Coupe du monde. Il avait frappé un joueur italien mais, au lieu de condamner ce mauvais exemple pour la jeunesse, les médias lui ont trouvé toutes sortes d'excuses. La société actuelle admire les «battants», un mot lui-même chargé d'agressivité! Du coup, le travail des enseignants est devenu plus difficile avec des jeunes qui se montrent impolis, voire injurieux, avec leurs professeurs et agressifs envers leurs camarades. Les punitions et sanctions disciplinaires n'apportent pas de changements notables et n'empêchent pas les élèves concernés de passer en classe supérieure. Pour essayer d'améliorer la situation dans les collèges, on a créé depuis la rentrée 2006, une note supplémentaire pour évaluer le comportement des collégiens dans l'établissement. Son but: éduquer les élèves au respect et à la responsabilité personnelle. Cette note compte dans la moyenne générale et peut avoir des conséquences lourdes sur leur réussite au brevet. Elle tient compte de sa participation régulière aux cours, de son attitude en classe, de son rôle actif dans la vie du collège (délégué de classe, manifestations culturelles, sportives ...) et de son comportement vis-à-vis de la collectivité (travail caritatif, protection de l'environnement ...).

Entnimm dem Text die folgenden Informationen.

Anfang der Gewaltsteigerung in der Schule: ____________________

Anzahl der „letzten“ schweren körperlichen Delikte: ____________________

Reaktion der Franzosen vor dieser Zahl: ____________________

Andere Orte, wo Gewalt herrscht: ____________________

Gegen wen und was sie gerichtet ist: ____________________

1. Hauptgrund der Gewalt: ____________________

2. Hauptgrund der Gewalt: ____________________

Reaktion der Medien auf Zidanes Verhalten: ____________________

Bezeichnung für eine Kämpfernatur: ____________________

Häufiges Verhalten der heutigen Schüler: ____________________

Folgen von Strafen und Sanktionen in der Schule: ____________________

Neue disziplinarische Maßnahme seit 2006: ____________________

Ziel dieser Maßnahme: ____________________

Name der Schlussprüfung in „collèges“: ____________________

Außerschulische benotete Tätigkeiten: ____________________

LEKTION 5

Die Verneinungen „nichts", „niemand", „keiner" – *Les négations «ne … rien», «ne … personne», «ne … aucun»*

Die Verneinungen *ne … personne, ne … rien, ne … aucun(e)* können als Subjekt oder als Objekt im Satz gebraucht werden.

- Als **Objekt** in den zusammengesetzten Zeiten (wie *Passé composé, Plus-que-parfait …*) stehen ***personne*** und ***aucun(e)*** **nach** dem ***participe passé***.

  Il a acheté **quelque chose**?
  Non, il **n'**a **rien** acheté. — Nein, … er hat nichts gekauft.

  Tu as vu **quelqu'un**?
  Non, je **n'**ai vu **personne**. — … ich habe niemanden gesehen.

  Tu as visité **des îles**?
  Non, je **n'en** ai visité **aucune**. — … ich habe keine besucht.

  Wenn das **Verb** von einer **Präposition** *(à, de, avec, sur …)* begleitet wird, **wiederholt** man diese Präposition auch in der **Verneinung**.

  Il a parlé **à** quelqu'un? – Non, il n'a parlé **à personne**.
  Tu as dansé **avec** tous tes copains? – Non, je n'ai dansé **avec personne / avec aucun**.

- Als **Subjekt** stehen diese Verneinungen am Anfang des Satzes in der folgenden **Reihenfolge**:

  Quelque chose a fonctionné? – Non, **rien n'**a fonctionné.
  Quelqu'un a appelé? – Non, **personne n'**a appelé.
  Tous les habitants sont venus? – Non, **aucun n'**est venu.

Tipp

Wenn *ne … aucun(e)* direktes Objekt des Satzes ist (wen? was?), dann steht immer ***en*** als Bezugspronomen dazu.

1 Um dich mit den neuen Verneinungen vertraut zu machen, findest du sie zuerst in Klammern vorgegeben. Sage damit das Gegenteil.

Tous les bateaux ont quitté le port ce matin.
(Aucun … ne)

J'ai rencontré beaucoup de monde ici.
(ne … personne)

On a vu beaucoup de requins. (n'en … aucun)

Tout était naturel dans ce parc. (Rien … ne)

J'ai pratiqué tous les sports proposés. (n'en … aucun)

Toutes les personnes de mon groupe ont observé les oiseaux. (Aucune … ne)

On a acheté beaucoup de souvenirs. (ne … rien)

Tous les habitants ont parlé allemand avec nous. (Personne … ne)

2 Antworte mit einer Verneinung.

Sandra a dansé avec quelqu'un? – Non, …

Tout s'est passé normalement? – Non, …

Quelqu'un a laissé un message pour moi? – Non, …

Tu as envoyé des cartes postales à tout le monde? – Non, …

Vous avez vu quelques dauphins? – Non, …

Der Gebrauch der Verben *naître, mourir* et *vivre* – *L'emploi des verbes «naître», «mourir» et «vivre»*

naître und ***mourir*** werden überwiegend im ***Passé composé*** (einmaliger Moment) und manchmal im ***Futur*** verwendet.

Je suis né(e) le 12 mai.	bin geboren
Bob Marley est mort en 1981.	ist gestorben (auch: starb)
Son bébé va naître/naîtra fin avril.	wird auf die Welt kommen
S'il continue à fumer comme ça, il mourra jeune.	wird sterben

Das Verb ***mourir*** kann auch im **übertragenen**/bildlichen **Sinn** in **verschiedenen Zeitformen** vorkommen.
J'étais mort(e) de froid. A ta place, je serais mort(e) de peur.

Das Verb ***vivre*** wird in jeder Zeitform konjugiert.
Elle vit ici. Elle a vécu ici. Elle vivra ici. Je voudrais qu'elle vive ici.

3 Konjugiere.

Les Amérindiens (vivre, Imp.) ________________ ici avant l'arrivée des colons.

Elle (vivre, Pc) ________________ 5 ans au Canada.

Je (mourir, Pr.) ________________ de faim!

30 000 personnes (mourir, Pc) ________________ après l'éruption du volcan.

Mes parents (vivre, Pr.) ________________ à Cologne.

On (vivre, Cond.) ________________ mieux à la campagne.

La fête du carnaval (naître, Pc) ________________ il y a longtemps.

Il faudrait que tu (vivre, Subj.) ________________ 6 mois en France.

Die Konjugation der Verben *fuir, suffire, interrompre* – *La conjugaison des verbes «fuir», «suffire», «interrompre»*

Die Verben *fuir, suffire, interrompre* sind unregelmäßig. Auch junge Franzosen müssen ihre Konjugation gut üben!

– ***fuir***

Présent	Passé comp.	Imparfait	Conditionnel	Subjonctif
je/tu fuis il fuit nous fuyons vous fuyez ils fuient	j'ai fui	je **fuy**ais	je **fui**rais	que je fui**e** que vous fuyiez

– Das Verb ***suffire*** wird meistens in der 3. Person Singular oder Plural verwendet.

Ça suffit pour aujourd'hui!	… reicht …
Un geste a suffi.	… hat genügt.
Avant 500 € suffisaient pour vivre.	… genügten/reichten …
Je ne crois pas que ça suffise.	… dass es genügt.
500 € suffiront pour le début.	… werden genügen/reichen …

– Auch wenn das Verb ***interrompre*** eher zur gehobenen Sprache gehört, kann man es in einigen Zeitformen öfter brauchen.

Tu m'interromps tout le temps!	Du unterbrichst mich …
Il m'a interrompu.	… hat mich unterbrochen.
Je ne veux pas que tu m'interrompes.	… dass du mich unterbrichst (Subj.)

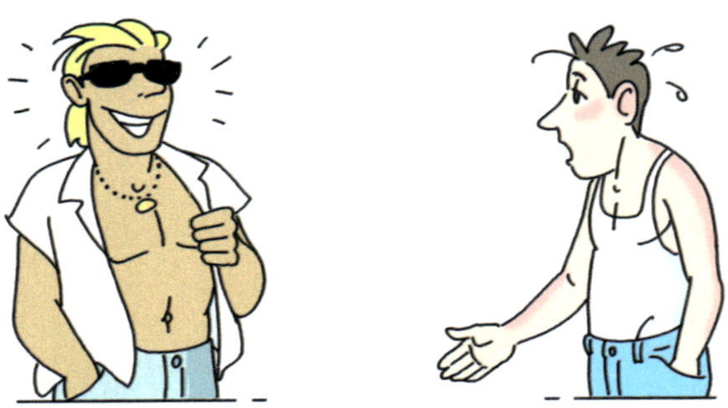

4 Bei unregelmäßigen Verben hilft nur das Üben!

C'était génial: il **(suffire, Imp.)** ____________________ de mettre la tête sous l'eau pour voir des poissons.

Nous **(interrompre, Pr.)** __________________________________ notre programme pour annoncer …

Mes connaissances de français **(suffire, Pr.)** ____________________ pour que je me débrouille.

Les voleurs **(fuir, Pc)** ________________ avec tout mon argent.

Mon grand-père n'aimait pas les problèmes: il **(fuir, Imp.)** ______________ devant les difficultés.

Malgré l'arrivée du cyclone, les surfeurs **(ne pas interrompre, Pc)**

____ leur sortie en mer.

Moi, si le cyclone arrivait, je **(fuir, Cond.)** ________________.

Elle **(interrompre, Pc)** _________________________ ses études.

5 Außer im *Présent* wird heutzutage das Verb *s'en aller* ständig durch *partir* ersetzt. Um diese neue Redewendung ein bisschen zu trainieren, wirst du hier genau das Umgekehrte tun!

Je vais partir dans deux minutes. ____________________________

Il part sans dire un mot. ____________________________

Ils partaient souvent sans petit déjeuner. ____________________________

Si la fête n'est pas chouette, on partira. ____________________________

Tu pars comme ça, sans bagages? ____________________________

Chaque fois qu'il y a du travail à faire, vous partez! ____________________________

C'est sûr que s'il n'y a rien à manger et à boire, les gens partiront vite. ____________________________

6 Du weißt schon: Paargegensätze sind leichter zu merken als einzelne Wörter. Ergänze in diesem Sinne die Tabelle.

froid	
	noir
artificiel	
un volcan qui dort	un volcan ...
le nord	
	l'est
être au soleil	
	construire
la saison sèche	
l'été	
les points communs	
	permettre de faire quelque chose
la liberté	
une langue étrangère	la langue ...

7 Nein: die folgenden Wörter bezeichnen keine neuen Sportarten, sondern Aktivitäten, die die Inseln anbieten! Entdecke sie in diesem Wortwirrwarr und notiere dazu – wenn nötig – *faire du / de la / de l'*.

YAKKA FURS GLOPENE ACLASEDE

GINKKERT VACHEL se MENORPER

YONINGCANO se GINABER REZBORN

8 Sortiere die Vokabeln nach Kategorien. Füge einen Artikel dazu.

baie coquillage cyclone crabe côte dauphin île
lagon langouste nuage oiseau plage pluie poisson
port requin sable saison soleil thon vent

les animaux	la mer	le climat

9 Finde das richtige Wort zu jeder Umschreibung.

Endroit où on cultive le café, le cacao: une ☐☐☐☐☐☐☐☐☐☐

Région occupée par un pays dominant: une ☐☐☐☐☐☐☐

Personne qui n'est pas libre: un(e) ☐☐☐☐☐☐☐

Langue maternelle des Antillais: le ☐☐☐☐☐☐

Personne dont les parents ne sont pas de la même couleur: un ☐☐☐☐☐

Ensemble des habitants d'un pays, d'un état: la ☐☐☐☐☐☐☐☐☐☐

Régions découvertes au XVe siècle: le ☐☐☐☐☐☐☐ ☐☐☐☐☐

10 Im folgenden Text, der die große Katastrophe auf der Insel St-Pierre beschreibt, steht das Wort *le «truc»* (das Dingsda) anstelle der richtigen Wörter. Sag es besser.

Depuis toujours, les *trucs* ____________________ de St-Pierre vivaient à côté de la *truc* __________________ Pelée. Ce *truc* ______________ dormait depuis des *trucs* ________________. Un *truc* _________, en 1889, il s'était réveillé, mais par chance, les *trucs* ____________________ n'avaient rien détruit. Aucun habitant n'avait perdu la *truc* _________. Mais le 8 mai 1902, c'est la *truc* _________________________. Un *truc* ___________ de gaz et de *trucs* ________________ descend sur la *truc* ___________. Sa *truc* _________________________ est de 1000°. En cinq *trucs* _______________, il brûle tout sur son *truc* _____________. Bientôt il ne reste plus que des *trucs* ______________ comme à Pompéï. Il y a plus de 30 000 *trucs* ______________ et un seul *truc* ____________________.

Seine Vorliebe für etwas ausdrücken – *Préférer quelque chose à une autre chose*

Wenn man die Wahl zwischen zwei Sachen hat, kann man seine Vorliebe für die eine der beiden mit der folgenden Struktur ausdrücken:
Je préfère le / la / les … à la / à l' / au / aux

Je préfère la montagne **à la** mer.	… mag lieber das Gebirge als das Meer.
Elle préfère l'ombre **au** soleil.	… mag lieber den Schatten als die Sonne.
Il préfère les chiens **aux** chats.	… mag lieber Hunde als Katzen.

Wenn Verben zur Alternative stehen, steht *que* zwischen den beiden Verben:
Je préfère bronzer **que** nager. … mag mich lieber sonnen als schwimmen.

Tipp

Man kann nur entweder zwei Sachen oder zwei Verben in derselben Struktur finden. Nicht eine Sache und ein Verb:

Je préfère ~~le sport~~ que dormir.
mais: *Je préfère **faire** du sport que **dormir**.*

11 Schreibe, was du vorziehen würdest, wenn du die Wahl hättest.

a) le froid / la chaleur ____________________

le vent / la pluie ____________________

l'escalade / le trekking ____________________

les dauphins / les requins ____________________

b) me baigner / bronzer ____________________

faire du surf / faire du kayak ____________________

écrire des SMS / téléphoner ____________________

Lerntipp: Hörverstehen

Texte von einer CD sind schwieriger zu verstehen als Filme oder als direkte Gespräche mit Franzosen. Es liegt daran, dass du die Gesichter und die Gestik der Sprechenden nicht siehst. Diese nichtverbalen Ausdrücke helfen dir oft, eine Situation richtig einzuschätzen. Da häufig mit einer CD gearbeitet wird, musst du dir gezielte Strategien aneignen.

Die Grundregeln:

1. Versuche nicht, alles gleich verstehen zu wollen. Entspanne dich.
2. Bereite ein Raster mit den folgenden Spalten vor:

Wer spricht?	(eventuell) Mit wem?	Wo sind sie?	Was machen sie hier?	Worüber sprechen sie?	In welcher Stimmung sind sie?

3. Konzentriere dich beim ersten Hören auf diese eindeutigen Infos.
4. Fülle damit dein Raster, bevor du den Text noch einmal hörst.
5. Beim zweiten Hören konzentriere dich auf die weiteren identifizierten Wörter, z. B. Vornamen, Orte, Zahlen ... und ergänze deine Notizen mit Stichworten (keine Sätze).
6. Wenn möglich hör dir den Text ein drittes Mal an. Notiere nun die Schlüsselwörter.
7. Gewöhne dich daran, wie die französischen Schüler ein paar Kürzel zu benutzen und eventuell selbst welche zu erfinden, wie:

   bp: beaucoup **pq**: parce que **tj**: toujours
   pr: pour **tt**: tout **?**: demande

8. Jetzt bleibt nur noch den Inhalt deines Rasters zusammenzufassen.
   Fange mit der allgemeinen Situation an, zum Beispiel:
   «Dans ce texte/passage, il y a deux personnes devant un cinéma. Ils parlent du programme. Une personne propose de regarder le film X. L'autre n'est pas d'accord parce que ... Finalement, ils décident de ...»

12 Versuche den Lerntipp umzusetzen und höre eine kurze Aussage zweimal und mache dir Notizen. Verfasse anschließend ein Resümee. 13

Worum geht es?	Wann?	Welches Problem?	Warum?	Wohin?

Hören und verstehen 14

13 Höre genau hin. Die folgenden Aussagen sind entweder richtig oder falsch. Kreuze an und gib bei „falsch" die richtige Antwort.

1. ☐ richtig ☐ falsch
2. ☐ richtig ☐ falsch
3. ☐ richtig ☐ falsch
4. ☐ richtig ☐ falsch
5. ☐ richtig ☐ falsch
6. ☐ richtig ☐ falsch

Hören und nachsprechen 15

14 Höre dir die folgenden Sätze an und sprich sie nach.

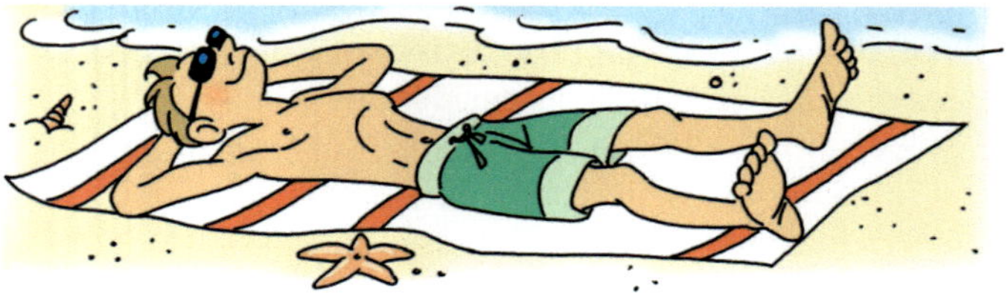

Hören und schreiben 16

15 Höre dir den vollständigen Text an und ergänze die Lücken.

__ __ ________ de la mondialisation, les ____________________ français d'outre-mer ____________ ___ ____________ positif de cohabitation entre des ____________ venus des quatre coins ___ ________. Ici, les habitants d'origine diverses __________ ___ _____________ et le mélange ethnique a donné _____________ _ de multiples formes d'expressions artistiques. Qu'ils soient _______________, danseurs, _____________ ou écrivains, ils sont le produit d'un heureux ____________ ___ cultures. Les îles où ils _______ _____ font penser à des cartes postales: mer azur, plages _____________ ___ __________, montagnes vertes, cascades: ce décor de ______ peut faire ____________ _____ les conditions économiques sont loin _ _______ idéales. C'est pour ça que beaucoup d'entre eux _____________ ___ paradis pour venir _________________ en France métropolitaine. Car _______ _____, cette France est «leur» pays. Ils parlent français, ils ont appris __ _____________ de France et ont répété ____________ _____ ____________: «nos ancêtres, les Gaulois» sans se poser ___ ____________________. Et voilà _____ ________ _____ arrivent en France, ___ _______ dit: «Toi, tu n'es pas d'ici.» Ils ne comprennent _______ _______, eux, _____ __________ tant la culture française.

Informationen heraussuchen

16 Ein neues Pariser Museum ist ausschließlich den nicht-westlichen Kulturen gewidmet. Und schon sein ursprünglich gewählter Name: *Musée des Arts premiers/primitifs* ist auf Kritik gestoßen, weil er eine zu starke kolonialistische Färbung zeigte. Inzwischen anders genannt, sorgt das Museum immer noch für große Diskussionen. Wie Frankreich mit seiner Vergangenheit umgeht, wirst du in diesem Text erfahren.

L'art dit primitif

Le 20 juin 2006, un nouveau musée a ouvert ses portes au pied de la Tour Eiffel, sur les bords de la Seine. Il s'agit du musée du quai Branly entièrement consacré aux arts non occidentaux. Il réunit de superbes collections anciennes venues d'Afrique, d'Asie, d'Océanie et des Amériques. Cette institution patronnée par l'Unesco a pour ambition de redonner aux cultures non européennes la place qu'elles méritent et d'établir officiellement l'idée de l'égalité entre les cultures. C'était une idée chère à Jacques Chirac qui, depuis longtemps, a un faible pour les arts dits «premiers». Déjà en l'an 2000, il avait fait entrer des œuvres d'art venues des quatre coins du monde dans le sacro-saint Louvre. Mais cela ne lui suffisait pas: comme les autres présidents français, il voulait lui aussi laisser un symbole de son passage à la tête de l'Etat. Pompidou avait eu le centre Beaubourg, Giscard, le musée d'Orsay, Mittérand, la pyramide du Louvre, maintenant Chirac a lui aussi «son» musée! Et quel musée! Une architecture innovative et colorée aux formes originales dans ce quartier plutôt traditionnel. Certains aiment, d'autres pas, mais personne ne reste indifférent devant cet ensemble audacieux créé par Jean Nouvel. La façade végétale d'un des bâtiments est l'un des motifs les plus photographiés aujourd'hui. A l'intérieur, plus de 300.000 objets attendent les amateurs d'art: instruments de musique, statues, sculptures, vaisselle, masques, bijoux, costumes, totems … Ils sont organisés en espaces géographiques et mettent l'accent sur la beauté, la variété et la richesse des civilisations anciennes exposées.

Parti d'une bonne intention, ce musée fait néanmoins l'objet de grandes controverses dans le monde scientifique. Ainsi certains reprochent aux responsables de montrer au grand public des objets tabous qui étaient interdits de vision dans leur pays d'origine soit, parce que jugés sacrés, soit parce que dotés d'une force magique. D'autres critiquent fortement qu'on passe sous silence le fait que les pièces réunies ici ont été «acquises» (volées) durant la période coloniale et qu'elles sont exposées sans l'avis ni la permission des pays d'origine. Une situation assez contraire au slogan du musée: «Les cultures sont faites pour dialoguer».

Trage die folgenden Informationen ein.

Eröffnung: ______

Standort: ______

______

Spezifikation des Museums: ______

Zweck: ______

______

Schirmherr: ______

Stifter: ______

Beweggründe des Stifters: ______

______

Beweis seiner Liebe zur nicht-westlichen Kunst: ______

______

Name des Architekten: ______

Charakteristiken des Baus: ______

______

Darstellung der Objekte: ______

Kritikpunkte an der Ausstellung: ______

______

______

______

Modul 1

Die Verben auf *-ir*, Typ *ouvrir* – *Les verbes en «-ir» du type «ouvrir»*

Die Verben ***ouvrir, découvrir*** bilden eine kleine Sondergruppe. Denn obwohl sie auf ***-ir*** enden, werden sie im *Présent* wie Verben auf *-er* konjugiert. Zu dieser Gruppe gehören auch die Verben: *offrir* (anbieten, schenken) und *souffrir* (leiden).

Présent	Passé comp.	Imparfait	Futur	Conditionnel
j'ouvr**e** vous ouvr**ez** ils ouvr**ent**	j'ai ouvert	j'**ouvr**ais	j'**ouvrir**ai	j'**ouvrir**ais

1 Konjugiere diese Verbgruppe wie vorgegeben.

Il lui **(offrir, Pc)** ____________________ un CD.

Un jour, elle **(découvrir, Fut.)** _________________________ la vérité.

Quand j'étais petite, je **(souffrir, Imp.)** ______________________ d'être seule.

Ils **(découvrir, Pc)** ________________________________ un squelette dans leur jardin.

A ta place, je lui **(offrir, Cond.)** _________________________ des fleurs.

Je trouve triste que les élèves de l'internat **(souffrir, Subj.)** ______________________ comme ça.

Pourquoi est-ce que vous **(ne pas ouvrir, Pc)** ______________________________ ___________________?

Die Verben auf *-uire* – *Les verbes en «-uire»*

Auch die Verben auf *-uire* bilden eine eigene Konjugationsgruppe.
In dieser Gruppe findet man u.a.:
conduire, ***construire***, ***détruire***, ***séduire*** (verführen), ***traduire***.

Présent	Passé comp.	Imparfait	Futur	Conditionnel
je/tu cond**uis** il conduit nous cond**uisons** vous cond**uisez** ils cond**uisent**	j'ai cond**uit**	je cond**uisais**	je cond**uirai**	je cond**uirais**

subjonctif: que je cond**uise**

2 Entscheide, welches Verb und welche Zeitform jeden Satz am besten ergänzt.

conduire construire détruire séduire traduire

La bombe ______________________ tout le quartier.

Don Juan ______________________ beaucoup de femmes.

Ce matin, en classe, nous ______________________ un texte en français.

Actuellement, on ______________________ une nouvelle autoroute.

On a fait 900 km aujourd'hui. Mon père ______________________ pendant tout le voyage.

La pollution ______________________ la couche d'ozone.

Le week-end dernier, ils ______________________ une petite maison pour les oiseaux.

Gebrauch des Verbs *réussir à faire quelque chose* – *Emploi du verbe «réussir à faire quelque chose»*

Das Verb ***réussir*** wird wie ***finir*** konjugiert. Seinen Gebrauch kann man leichter verstehen, wenn man ***réussir à faire quelque chose*** mit „etwas schaffen" übersetzt.

Il réussit toujours à avoir raison.	Er schafft es immer / Ihm gelingt es immer…
J'ai réussi à avoir des places.	Ich habe es geschafft / Es ist mir gelungen …

Tipp

Übrigens kannst du dieselbe Idee von Erfolg mit dem Verb *arriver à faire quelque chose* ausdrücken. Die Konstruktion ist auch die gleiche.

Elle est arrivée à tout traduire.	Sie hat es geschafft, alles zu übersetzen.

3 Nachdem du die folgenden Sätze übersetzt hast, wird es dir besser gelingen, mit *réussir à* gut umzugehen!

Es ist M. Mathieu gelungen, alle Kinder singen zu lassen.

Es ist uns gelungen, kostenlos reinzukommen.

Es wird dir sicher gelingen, eine gute Note zu bekommen.

Ihr gelingt es oft, im Diktat keinen Fehler zu machen.

Es ist dir wieder gelungen, mich wütend zu machen!

4 Zu jeder Person im Film *Les choristes* passen zwei Informationen.
Verbinde Person und Information.

1.	M. Mathieu
2.	M. Rachin
3.	Pierre Morhange
4.	Pépinot
5.	Maxence

a)	est le nouveau surveillant.
b)	attend chaque samedi devant la grille.
c)	est un petit garçon dont les parents sont morts.
d)	voudrait créer une chorale.
e)	est le directeur de l'internat.
f)	est un élève difficile.
g)	a des méthodes d'éducation très dures.
h)	s'occupe de tout dans l'école.
i)	chante très bien.
j)	va devenir l'ami du nouveau surveillant.

5 Kontrolliere, ob du dir die Vokabeln aus Modul 1 gut gemerkt hast.

C'est lui qui est avec les élèves quand ils n'ont pas cours. ______________________

C'est le sac des élèves. ______________________

C'est sur ça que nous marchons. ______________________

On l'utilise pour monter à pied à l'étage. ______________________

C'est un jeu d'enfants où il faut trouver celui qui s'est caché. ______________________

C'est une personne qui aide financièrement les artistes. ______________________

Ce sont les heures où les artistes préparent une représentation. ______________________

C'est un passage pour aller d'une pièce/classe à l'autre. ______________________

6 Schreibe das Gegenteil.

Il est sorti de la classe. ______________________

Il a allumé sa cigarette. ______________________

Il a fermé la porte. ______________________

Il a marché tranquillement. ______________________

Les élèves se sont levés de leurs bancs. ______________________

Tout le monde était silencieux. ______________________

Ils ont continué de chanter. ______________________

7 Die Franzosen lieben das Kino und reden viel darüber. Du kannst jetzt mitmachen. Wähle das richtige Wort.

Le régisseur / Le réalisateur du film a gagné un Oscar.

La scène **joue / se déroule** dans un internat.

Le film est **en langue originale / en version originale**.

Je n'ai pas vu le film complet, seulement quelques **séances / séquences**.

Vous ne trouvez pas que dans les cinés **le bruit / le son** est trop fort?

Le film **passe / joue** au cinéma Rex.

Le film est très long. **Il dure / Il marche** deux heures.

Il s'agit **d'une adaptation / d'une traduction** de roman.

8 Weil die Kinokunst in Frankreich so populär ist, findet man sie in vielen Alltagsausdrücken wieder.

a) Merke sie dir, du wirst sie öfter hören.

faire son cinéma	eine Show abziehen
faire une scène à quelqu'un	eine Szene machen
se mettre en vedette	sich in den Vordergrund stellen
se faire son cinéma	sich etwas vormachen
faire tout un cinéma	einen Affenzirkus veranstalten
arrête ton cinéma!	hör auf mit dem Theater!
se la jouer grave	sich dicke tun, herumposen
avoir le trac	Lampenfieber haben

b) Kommentiere mit Hilfe dieser Ausdrücke die folgenden Situationen.

Bon d'accord, je n'ai pas encore la réponse pour le stage à Cannes, mais je rêve déjà que je suis là-bas.
Je ...

Demain, il doit faire un exposé devant la classe. Il est très nerveux.
Il ...

Mais non, ce n'est pas sérieux. Elle n'a pas vraiment mal.
Elle ...

Il lui a posé un lapin. Elle l'a attendu une heure sous la pluie. Elle l'a appelé très en colère.
Elle ...

Je ne sais pas comment tu fais. Tu n'es pas mieux que moi, mais tu arrives toujours à faire bonne impression, à ...

Le ministre va venir dans notre école. Les profs n'arrêtent pas de nous dire quels vêtements mettre, quelles questions poser.
Ils ...

Je sais, je sais! Tu as toujours une bonne excuse pour me laisser faire tout le travail, alors ...

Depuis qu'il est passé à la télé, il n'est plus le même. Il ne nous parle plus.
Il ...

Wörter um Ideen zu artikulieren – *Les mots pour articuler ses idées*

Wenn man den Inhalt einer Geschichte zusammenfassen will, ist es sehr wichtig, seine Argumente/Gedanken gut zu organisieren. Dazu helfen *kleine Wörter*, die eine ganz bestimmte Funktion haben. Sie bezeichnen

- **eine Zeitfolge:**
  Au début, d'abord, après, et puis, ensuite, finalement
- **den Grund einer Handlung:**
  Comme … (als 1. Element des Satzes) — da (kausal)
  parce que, car (als 2. Elemente) — weil, denn
- **eine Konsequenz:**
  C'est pourquoi, donc, alors, — deshalb
- **einen Gegensatz:**
  Par contre, en revanche — aber, dafür
- **weitere Argumente:**
  Non seulement, mais … aussi — nicht nur, aber auch
- **ein Beispiel:**
  Entre autres, notamment — unter anderem, nämlich
- **eine Erweiterung:**
  En plus … — außerdem

9 Verbinde jeweils beide Sätze im Sinne der Angaben.

Beaucoup d'élèves ne sont pas heureux. **(Beispiel)** Pierre et Pépinot.

Pierre est un élève difficile. **(Gegensatz)** Il chante bien.

Pépinot pense que ses parents vont venir. **(Konsequenz)** Il attend devant la grille.

Les élèves n'aiment pas le directeur. Il est dur. **(weiteres Argument)** Il est injuste .

(Grund) Il est interdit de fumer. M. Mathieu éteint la cigarette.

L'internat est un endroit triste. On voit **(Beispiele)** des grilles fermées, des vieux murs, des interdictions partout.

Les enfants se disputent et se battent, **(Erweiterung)** ils fument dans la classe.

(Zeitfolge Anfang) Les élèves ne veulent pas chanter, mais **(Zeitfolge Ende)** ils sont tous très heureux d'être dans la chorale.

10 In vielen Fällen kann man ohne Worte eine deutliche Botschaft senden. Schaue dir die folgenden Fotos an und notiere, was diese Person uns „erzählt".

1. ______________________
2. ______________________
3. ______________________

4. ______________________
5. ______________________
6. ______________________

7. ______________________
8. ______________________

Lerntipp: Mimik

Es ist dir sicher aufgefallen, dass die Franzosen mit Gestik, Mimik und Stimme ihre Aussagen stark betonen. Ob große Gefühle oder kleine Regungen, der Körper spricht dabei immer mit. Mache ein kleines Experiment: schaue dir einen französischen Film eine Weile ohne Ton an. Du kannst bestimmt die Stimmungen und einiges mehr verstehen allein durch diese *expressive* Mimik und Gestik. Gerade weil du kein Franzose bist, solltest du dich dieser nonverbalen Mittel bedienen. Denn damit erhöhst du deine Chancen, von deinen französischen Freunden richtig interpretiert zu werden, besonders dann, wenn dir die richtigen Vokabeln nicht auf der Zunge liegen ... Aber auch wenn dir der Satz gleich einfällt, spielen deine Stimme und Körperhaltung eine große Rolle. Stell dir vor, du kommst in Frankreich an und triffst gute Bekannte. Du freust dich und möchtest ihnen deine Freude zeigen. Worte wie: „Je suis content(e) de te revoir" reichen nicht aus. Dein Gesicht muss strahlen. Ein Lächeln wirkt Wunder. Außerdem wird irgendein körperlichen Kontakt erwartet: Umarmung, Bussi-Bussi, Hand reichen oder auf die Schulter klopfen. Und deine Stimmenlage muss dasselbe sagen wie dein Gesicht. Etwa so:

Je suis content(e) de te voir.

Wie kriegst du das hin? Am besten vor dem Spiegel üben. Allein oder mit anderen Schülern aus deiner Französischklasse. Womöglich kommst du dir am Anfang ein wenig komisch vor, so „übertrieben" zu tun. Aber bald wirst du dir nichts mehr dabei denken, weil du weißt, dass in Frankreich alle Leute ein bisschen was von der Schauspielerei drauf haben!

Und nun „action"! Mache die folgenden Aussagen mit klarer Betonung und Mimik.

- Oh, c'est vraiment gentil de ta part!
- Arrête!
- Je meurs de faim!
- Hum, qu'est-ce que ça sent bon!
- Je veux que tu viennes!
- Pas question!
- Oh, je suis vraiment désolé(e).
- Oh, elle est belle ta robe!
- J'en ai marre!
- Je suis triste de partir.
- Ça va pas, non??
- Oh, je suis très content(e) d'être ici!

Hören und verstehen 17

11 Höre genau hin. Die folgenden Aussagen sind entweder richtig oder falsch. Kreuze an und gib bei „falsch" die richtige Antwort.

1. ☐ richtig ☐ falsch
2. ☐ richtig ☐ falsch
3. ☐ richtig ☐ falsch
4. ☐ richtig ☐ falsch
5. ☐ richtig ☐ falsch
6. ☐ richtig ☐ falsch

Hören und nachsprechen 18

12 Höre dir die folgenden Sätze an und sprich sie nach.

Hören und schreiben 19

13 Höre dir den vollständigen Text an und ergänze die Lücken.

Ce matin, nous __________ ______ excités parce que notre nouveau __________________ devait arriver. Alors, nous avons ___________ Pépinot, le plus ________ _ ________ nous, devant l'entrée ______ ___ ___ ______ signale l'arrivée du pion. Nous, ___________ ___ ________, on a préparé une blague: on _ _________ une cigarette et on l'a mise dans ___ _________ du squelette qui est dans notre classe. Et puis Pépinot a crié: «Il arrive!» et on _ _______ ________ vers les fenêtres pour le voir. Alors, c'était lui, notre nouveau pion! Ce ________ ________, gris et rond! Nous avons pensé qu'avec lui, nous ___________ ___ _____ nous voulons. Il n'avait pas l'air très sévère. Très vite, il ___ ___ ________ sympathie.

Das Wesentliche verstehen

14 Das Internat von Monsieur Rachin kann einem richtig Angst machen. An sich entspricht es mehr einer Erziehungsanstalt als einem „normalen" Internat. Heutzutage sind die Internate ganz anders und haben wieder größeren Zuspruch. Warum? Das wirst du jetzt erfahren.

Petit historique de l'internat

L'internat en Europe a une longue tradition. En Grande-Bretagne, en Allemagne et en Suisse il existe depuis des siècles. A l'origine, il était souvent tenu par des religieux et accueillait les enfants des classes favorisées qui, seuls, avaient alors accès à l'instruction. En France, sous le président Jules Ferry, 1832–1893, l'internat se démocratise et devient le plus souvent laïque: on y accepte, après un examen d'entrée, les bons élèves de toutes les classes sociales. Plus tard, avec la montée de la scolarisation de masse, l'internat ouvre ses portes à un public plus large. Il constitue souvent la seule possibilité de suivre un enseignement secondaire car les établissements scolaires du second degré ne sont pas très nombreux dans les campagnes françaises d'entre les deux guerres. L'internat public est alors vu comme un collège ou un lycée offrant un hébergement alors que l'internat privé a plutôt tendance à proposer une éducation spécifique.
Mais pendant très longtemps l'internat présente l'image négative d'un lieu fermé avec une discipline très stricte, d'une institution sévère, qui ne tient absolument pas compte des besoins individuels des élèves. Dans les années 70, l'internat perd de son importance: les établissements scolaires se sont multipliés dans tout le pays ainsi que les services de transport scolaires, si bien que même ceux qui habitent loin de l'école peuvent rentrer chez eux le soir. Parallèlement à cette commodité, on constate aussi un changement de mentalité dans la société. Les jeunes ont désormais leur mot à dire: les parents ne peuvent plus mettre leur enfant en internat si celui-ci n'est pas d'accord. En même temps les relations parents – enfants sont plus fortes: les parents souhaitent garder leur enfant près d'eux et participer eux-mêmes à leur éducation. Du coup, le rôle de l'internat semble vraiment dépassé. Dans les internats existants, le nombre d'élèves a nettement diminué. Ceux qui y vivent sont là pour des raisons géographiques, des problèmes familiaux ou parce que leurs parents veulent perpétuer la tradition d'une éducation stricte et disciplinée. On pourrait croire que les jours de cette institution sont comptés. Pourtant en ce début de XXIe siècle, l'internat connaît de nouveau un certain succès, mais un internat modernisé qui propose des activités sportives,

culturelles et artistiques à côté d'un encadrement spécifique aux besoins des jeunes. En effet, beaucoup de parents (et d'enfants) ne sont pas satisfaits de l'enseignement dispensé dans les écoles publiques. Ils sont d'avis que les internats offrent de meilleures chances de réussite grâce à un développement optimal des capacités particulières de chaque enfant et à un soutien individuel pour améliorer les faiblesses de chaque élève. Par ailleurs, de nombreux parents pensent que la vie en collectivité sera profitable à leur enfant. Vu ainsi, comme «choix éducatif», l'internat nouveau peut encore attirer un public très varié.

Finde im Text diejenigen Teile, die folgende Aussagen belegen.
Bilde vollständige Sätze.

1. Urspünglich bekamen nur reiche Kinder eine Ausbildung.

____

2. Dies ändert sich im XIX. Jahrhundert.

____

3. Im XX. Jahrhundert findet man in der Provinz wenig Sekundarschulen.

____

4. Lange Zeit hatte das Internat einen schlechten Ruf.

____

5. In den 70er Jahren entstehen neue familiäre Beziehungen.

____

6. In dieser Zeit scheint das Internat ausgedient zu haben.

____

7. Heutzutage zeigt das Internat ein neues Gesicht.

____

8. In einem modernen Internat kann jeder seine persönlichen Fähigkeiten entwickeln.

____

Modul 2

Bildung und Gebrauch des *Conditionnel passé* – *Forme et emploi du conditionnel passé*

Das *Conditionnel passé* ist eine zusammengesetzte Verbform. Sie wird aus dem *Conditionnel présent* von *avoir* oder *être* und dem *Participe passé* des jeweiligen Verbs gebildet.

Moi, j'aurais choisi la Côte d'Azur.	Ich hätte … gewählt.
Tu serais parti(e) sans moi?	Wärst du … gefahren?
Alors, on se serait disputés.	… wir hätten uns gestritten.

Kombiniert mit dem Modalverb *devoir* oder *pouvoir* drückt das *Conditionnel passé* einen Vorwurf aus:

Tu aurais pu m'attendre.	Du hättest auf mich warten können.
J'aurais dû dire non.	Ich hätte nein sagen sollen.
Vous auriez dû demander.	Ihr hättet fragen müssen.

Mit den anderen Verben verwendet man das *Conditionnel passé*, um zu sagen (oft mit Bedauern), dass ein Geschehen in der Vergangenheit nicht stattgefunden hat.

J'aurais aimé avoir des parents riches.	Ich hätte gern … gehabt.
Sans guide, on se serait perdus.	… hätten wir uns verlaufen.

1 Damit du siehst wie einfach diese neue Zeitform ist, wirst du aus dem *Conditionnel présent* ein *Conditionnel passé* bilden.

je verrais ______________________

le train partirait ______________________

on devrait ______________________

ma sœur viendrait ______________________

ils finiraient ______________________

Tu ne dirais pas ça! ______________________

ça marcherait mieux ______________________

vous arriveriez ______________________

il faudrait lui dire ______________________

2 Interessanterweise kennen die Asiaten kein *Conditionnel passé*. Sie meinen, es bringt nichts, Sachen aus der Vergangenheit nachzutrauern! Dennoch wirst du in dieser Übung „die Kunst sich unglücklich zu machen" näher kennenlernen. Notiere, was diese Leute bedauern.

On **(ne pas devoir)** ____________________ ____________________ prendre ce chemin.

Je **(vouloir)** ____________________ faire des études de médecine.

Elle **(aimer)** ____________________ avoir des frères et sœurs.

Je **(devoir)** ____________________ lui dire que je l'aime.

Il **(préférer)** ____________________ faire de la voile.

Sans lui, je **(passer)** ____________________ des vacances plus tranquilles.

3 Trainiere mit dieser Übersetzung die effiziente Art, Vorwürfe und Vorhaltungen zu machen.

Wir hätten die Polizei anrufen sollen. ____________________

Deine Freunde hätten wirklich mit dem Zug fahren können. ____________________

Ihr hättet vorher um Erlaubnis fragen sollen! ____________________

Sie hätte schon was sagen können. ____________________

Du hättest dich entschuldigen können. ____________________

Ja, ja, ich hätte selber daran denken können. ____________________

Der Bedingungssatz III – *La phrase conditionnelle III*

Es gibt drei Arten von Bedingungssätzen (auch *si*-Sätze genannt).
Man hält die Bedingung nach dem *si*

1. für möglich/realistisch:

   si + Présent → Futur simple
   Si tu arrives à midi, on mangera ensemble.

2. für unwahrscheinlich oder sogar unmöglich:

   si + Imparfait → Conditionnel présent
   Si je faisais du surf, je serais le champion du monde.

3. Die dritte Art von *si*-Satz bezieht sich auf die Vergangenheit. Die Erfüllung der Bedingung ist jetzt nicht mehr möglich:

   si + Plus-que-parfait → Conditionnel passé

Si j'avais su ça, j'aurais apporté un cadeau.	Wenn ich das gewusst hätte, hätte ich ein Geschenk mitgebracht.

4 Um ein Gefühl für die neuen *si*-Sätze zu bekommen, musst du sie zuerst sinnvoll kombinieren.

1.	Si j'étais resté(e) à la maison ce jour-là,
2.	Si tu m'avais donné ton numéro,
3.	Si j'avais pris le train,
4.	Si je n'avais pas eu mon portable,
5.	Si tu avais fait moins de bruit,

a)	on ne m'aurait pas trouvé si vite.
b)	je ne me serais pas réveillé.
c)	je t'aurais appelé.
d)	je ne t'aurais pas rencontré.
e)	je serais arrivé dans la nuit.

5 Auch wenn man jetzt nichts mehr daran ändern kann, stellt man sich oft vor, wie es hätte sein können. In seinen Gedanken macht man alles anders: was negativ war, wird positiv und umgekehrt. Bilde Sätze nach dem Muster.

Realität: Tu ne m'as rien dit. Je ne t'ai pas attendu.

nachträgliche Hypothese: Si tu m'avais dit quelque chose, je t'aurais attendu.

Nous n'avons pas marché assez vite. Nous sommes arrivés en retard.

____

____

Il n'a pas fait beau. Nous ne sommes pas sortis.

____

____

Je n'ai pas regardé la compétition. Je n'ai pas vu l'accident.

____

____

Mathilde et Jéremie sont venus à St-Pardon. Ils ont fait cet exploit.

____

____

Ils ont lu un reportage sur le mascaret. Ils ont décidé de surfer sur cette vague.

____

____

Das Fragepronomen *lequel* – *Le pronom interrogatif «lequel»*

Lequel fragt nach **Sachen** und **Personen**, die vorher genannt wurden. Es richtet sich in **Genus** und **Numerus** nach diesen **Bezugswörtern**.

Il y a plusieurs plages. – Laquelle tu préfères?	welche (fem. sing.)
Ils ont pris un bateau. – Lequel?	welches (masc. sing.)
Il y a beaucoup d'excursions à faire. – Lesquelles?	welche (fem. plur.)
Je connais plusieurs jeunes du club. – Lesquels?	welche (masc. plur.)

Wenn **lequel** mit den Präpositionen ***à*** und ***de*** zusammenkommt, ergeben sich die folgenden Formen:

à + lequel → **au**quel	de + lequel → **du**quel
à + lesquels → **aux**quels	de + lesquels → **des**quels
à + laquelle → à laquelle	de + laquelle → de laquelle
à + lesquelles → **aux**quelles	de + lesquelles → **des**quelles

Tipp Dir kommen diese Formen sicher bekannt vor, denn es sind dieselben wie bei den Relativpronomen aus Modul 3.

6 Setze die richtige Form des Relativpronomens *lequel* in die Sätze ein.

auquel auxquels dans lequel à laquelle
sur lesquelles pendant lesquelles près duquel

La compétition ______________________ ils participent.

Les vagues ______________________ ils surfent.

Le reportage ______________________ on parlait du mascaret.

L'homme ______________________ j'étais assise.

L'arbre ______________________ il est resté accroché.

Les heures ______________________ il a eu froid et peur.

Les risques ______________________ ils n'avaient pas pensé.

7 Benutze die Fragepronomen und kombiniere sie wenn nötig mit *à* oder *de*.

Il s'intéresse à plusieurs sports. – Ah oui? ______________________?

Ils ont parlé d'un jeune surfeur. – Ah bon! ______________________?

On a écrit à un club de natation de la région. – ______________________?

J'ai une bonne idée pour les vacances. – Ah oui? ______________________?

Ils ont battu un record. – Ah bon! ______________________?

Ils ont montré des photos des participants. – Ah bon! ___________________?

J'ai envoyé des cartes à quelques copines. – Ah bon! ___________________?

8 In den Geschichten über den *mascaret* findest du viele Infinitivsätze mit oder ohne Präposition. Eine gute Gelegenheit, diese Strukturen zu wiederholen. Verbinde die Satzteile und ergänze sie mit *pour, de* oder mit dem direkten Infinitiv.

1.	Il y avait beaucoup de monde sur les rives de la Dordogne		a)	______ rester le plus longtemps possible sur la vague.
2.	L' oncle de Thomas aurait pu		b)	______ participer à la compétition de surf.
3.	Les pompiers ont mis 4 heures		c)	______ quelqu'un crier «Au secours!»
4.	Le problème pour les surfeurs, c'est		d)	______ réussir cet exploit.
5.	Les quatre copains ont décidé		e)	______ retrouver Farid.
6.	Un surfeur propose		f)	______ éviter le courant.
7.	Tout à coup, ils ont entendu		g)	______ leur apprendre la voile.
8.	Farid s'est accroché à un arbre		h)	______ voir le mascaret.
9.	Les quatre jeunes n'auraient jamais pensé		i)	______ chercher Farid sur les rives de la Dordogne.

9 Finde die Wörter, die umschrieben sind (für jeden Strich ein Buchstabe mit Artikel). Sie haben alle einen Bezug zum Wasser.

1. On a besoin de cet équipement pour faire du surf. __ ________
2. Un sport qu'on pratique dans l'eau. __ _________
3. La Dordogne en est un. La Seine aussi. __ _______
4. La plus grande d'Europe est à St-Pardon. __ ______
5. Un danger quand on ne sait pas nager. se ______
6. Un moyen de transport sur l'eau. __ _______
7. Les côtés d'une rivière. ___ ______
8. Un synonyme de danger. __ _______
9. Le mouvement de l'eau. __ ________
10. Quand la mer monte ou descend. __ ______

10 Teste, ob du dir die neuen Vokabeln gut gemerkt hast. Verbinde die Sätze, die dieselbe Idee ausdrücken.

1.	Il est tombé.
2.	Il a peur de tout.
3.	Il y avait beaucoup de monde.
4.	Un record, un grand succès.
5.	Il fait des acrobaties.
6.	Un fleuve pour les papis.
7.	Ils ont un peu peur, ils sont nerveux.
8.	Ils auraient manqué quelque chose.
9.	Les gens criaient «bravo».
10.	Ils ont surfé longtemps sur la vague.
11.	Il s'est passé quelque chose de sérieux.
12.	Il avait très froid.

a)	Ils ont applaudi.
b)	C'est un exploit.
c)	Il a fait une chute.
d)	Pour les vieux grands-pères.
e)	Il tremblait.
f)	Ils sont inquiets.
g)	Ils ont tenu plus de dix minutes sur leur planche.
h)	C'est une poule mouillée.
i)	Il fait des figures libres.
j)	Il est arrivé quelque chose de grave.
k)	La foule était énorme.
l)	Ils auraient raté ça.

11 Farid ist nach seinem Abenteuer noch unter Schock. Er bringt seine Geschichte ganz durcheinander. Hilf ihm, das Geschehen in der richtigen Reihenfolge zu erzählen. Notiere die Nummern.

- ☐ Il est très difficile de rester plus de dix minutes sur cette vague, même si on est bon surfeur.
- ☐ Je suis donc allé à St-Pardon avec trois copains.
- ☐ Tout le monde nous a applaudis.
- ☐ J'avais vu à la télé un reportage sur le mascaret.
- ☐ Là, il y a la plus longue vague d'Europe.
- ☐ Mais j'ai fait une chute et je me suis blessé.
- ☐ Ça m'a donné envie de faire du surf à cet endroit.
- ☐ Normalement, j'aurais dû fêter cet exploit avec les autres.
- ☐ Mais nous, on a réussi à tenir presque 20 minutes sans tomber.
- ☐ Heureusement, ce n'était pas trop grave.

12 Bringe dir die „kleinen Wörter“ in Erinnerung, die eine Geschichte erst richtig spannend machen.

ce jour-là	
la veille	
	am Anfang
d'abord	
	plötzlich
	vorher, früher
finalement	
	trotzdem
bientôt	
	die ganze Zeit
hier soir	
le lendemain	
là	
	gegen 22 Uhr
même	
	jedoch

13 Wie du in Modul 2 gesehen hast, ist ein Unfall schnell passiert. Es ist deshalb lebensnotwendig, die richtigen Wörter parat zu haben. Wie heißen sie auf Französisch?

(Die Feuerwehrleute) ______________________

sont vite arrivés.

J'ai vu (den Krankenwagen) ________________

devant la maison.

Quelqu'un a crié (Hilfe!) ___________________

Ils ont réussi à (retten) ____________________

un jeune qui était en train de (ertrinken)

___________________.

Il faut (die Polizei anrufen) ____.

(Der Rettungsdienst) ________________________ étaient déjà là.

Quelqu'un est (in Gefahr) ______________________.

Il y a eu (ein schwerer Unfall) ____________________________________.

Il y a beaucoup de (Opfer) ___________________.

Ils ont dit qu'il y avait trois (Tote) ________________ et plusieurs

(Verletzte) ___________________.

Lerntipp: Bildbeschreibung

Wenn du ein Bild oder eine Filmszene beschreiben willst, achte auf eine gewisse Reihenfolge.

- Du beginnst mit den rein visuellen Elementen und ihrem Platz auf dem Bild:
  Sur la photo, sur l'image, dans cette scène, il y a / on voit ...
  au premier plan ... / à droite ... à gauche ... au fond / à l'arriere-plan ...
- Dann erzählst du, was die Personen gerade machen oder was die Handlung ist:
  Une femme / un homme / un enfant est en train de ...
  Une voiture passe très vite.
- Erst dann gibst du deine persönliche Interpretation des Gesamtbilds:
  Ça a l'air ... (dangereux)
  Les personnes ont l'air d'(avoir peur)
  On dirait qu'il / qu'elle est (triste) / (a peur)
  Peut-être qu'il / qu'elle ...
  On a l'impression qu'il / elle est (triste) / (a peur)

14 Beschreibe das Bild mit Hilfe der vorherigen Hinweise.

Hören und verstehen 20

15 Höre genau hin. Die folgenden Aussagen sind entweder richtig oder falsch. Kreuze an und gib bei „falsch" die richtige Antwort.

1. ☐ richtig ☐ falsch
2. ☐ richtig ☐ falsch
3. ☐ richtig ☐ falsch
4. ☐ richtig ☐ falsch
5. ☐ richtig ☐ falsch
6. ☐ richtig ☐ falsch

Hören und nachsprechen 21

16 Höre dir die folgenden Sätze an und sprich sie nach.

Hören und schreiben 22

17 Höre dir den vollständigen Text an und ergänze die Lücken.

Normalement les jeunes auraient dû _______ _______________ de leur journée. Ils avaient réalisé ____ _____________ et tout le monde _____ _________ applaudis. La presse et la télévision étaient là pour faire des ___________________ _____ _____. Ils étaient les _________ de St-Pardon. Cependant ils ______________________________ _ être inquiets parce que leur copain Farid _______________. Ils se demandaient ____ ____ _________ passé. Pendant la compétition, il surfait tout le temps _ _______ _'eux. Et tout à coup, à l'arrivée, ____ _________ disparu. Et _______________ _'avait rien vu. Au début, les pompiers n'ont pas _______ la chose ____ _____________. Mais quand la nuit _____ ___________, ils ont compris que ce n'était pas _____ ___________.

Das Wesentliche verstehen

18 Viele Sportler träumen davon, Weltmeister zu werden und riskieren Kopf und Kragen, um dieses Ziel zu erreichen. Ob es der Mühe wert ist, muss jeder für sich beantworten. Aber auf jeden Fall sind ihre gefährlichen Abenteuer immer sehr spannend. So z. B. das von Ewa Wisnierska, der Vize-Weltmeisterin im Gleitschirmfliegen.

Une chance incroyable

Début février 2007, Ewa Wisnierska, une Allemande médaille d'argent en parapente était en Australie et s'entraînait pour le championnat du monde qui aurait lieu à la fin du mois. Ses premiers vols s'étaient bien passés et Ewa se sentait en grande forme. Elle débordait d'énergie et était sûre de décrocher la médaille d'or aux prochaines compétitions. Ce jour-là, son vol commence comme tous les autres jours. Elle maîtrise parfaitement sa technique et se réjouit de planer et de voir les 200 autres parapentistes qui évoluent dans l'air comme des oiseaux multicolores. «C'est fantastique de voir la terre de cette hauteur.» Puis tout à coup tout va très vite. «J'ai entendu le tonnerre d'abord derrière moi, puis devant moi. Soudain, tout est devenu noir. J'ai compris que j'étais dans l'œil de la tempête», dira-t-elle plus tard aux journalistes. Elle se retrouve entre deux nuages orageux et, en quelques minutes seulement, elle est catapultée à 6000 mètres d'altitude. Elle le réalise encore avant de perdre connaissance. Plus tard, on verra grâce à ses instruments qu'elle est même montée jusqu'à 9000 mètres. Les chances de survivre à un vol si violent et si rapide sont pratiquement nulles. Pour bien comprendre la situation, il faut la comparer à celle d'une personne qui serait projetée sur le sommet du Mont Everest (8850 m) en l'espace d'un quart d'heure. Là, le manque abrupt d'oxygène conduirait rapidement à la mort. Ewa, toujours inconsciente, reste exposée pendant une heure à une température de 50° sous zéro et survit à l'accident. Un autre parapentiste chinois n'a pas eu cette chance et a trouvé la mort dans cette même tempête. Les experts expliqueront après coup, que le cœur d'une personne inconsciente bat plus lentement ce qui, dans le cas de Ewa, lui a sauvé la vie. A un moment donné, elle revient à elle et s'aperçoit qu'elle se trouve à 6900 m de hauteur et qu'elle est entièrement recouverte de glace. Malgré tout, à aucun moment, elle ne perd courage. Au contraire, elle est absolument persuadée qu'elle va réussir à revenir sur terre.

Et effectivement, comme par miracle, elle arrive à se poser au sol. En pleine possession de ses moyens, elle appelle au secours avec son portable. Les sauveteurs la découvrent quelque temps après et la conduisent à l'hôpital. Là, on constate qu'elle a le visage et les oreilles partiellement gelés mais que sinon son état semble normal. Et malgré cette aventure incroyable, Ewa est encore très décidée à participer au championnat le 24 février.

	richtig	falsch
1. Ce jour-là, Ewa participe au championnat de parapente.	☐	☐
2. C'est son premier vol.	☐	☐
3. Il y a 200 autres sportifs dans l'air.	☐	☐
4. Soudain Ewa est au milieu d'une tempête.	☐	☐
5. Elle se retrouve tout de suite à 9000 m de hauteur.	☐	☐
6. Elle perd connaissance (tombe dans les pommes).	☐	☐
7. Elle se trouve sur le Mont Everest.	☐	☐
8. A 9000 m, le manque d'oxygène provoque vite la mort.	☐	☐
9. Ewa passe un quart d'heure à 50° sous zéro.	☐	☐
10. Cette tempête n'a pas fait de victimes.	☐	☐
11. Ewa était sûre de survivre à cet accident.	☐	☐
12. De retour sur terre, elle appelle elle-même les secours.	☐	☐
13. Elle est très gravement blessée.	☐	☐
14. Elle veut abandonner le parapente.	☐	☐

Modul 3

Veränderlichkeit des *Participe passé* mit *avoir* – *Accord du participe passé avec «avoir»*

Bei zusammengesetzten Zeitformen mit ***être*** richtet sich das *Participe passé* nach dem **Subjekt**:

Ils sont ven**us**. **Mes copines** étaient parti**es**. **Vous** seriez arriv**és** trop tard.

Bei zusammengesetzten Zeitformen mit ***avoir*** bleibt das *Participe passé* **unverändert**, wenn das **direkte Objekt nach** dem **Verb** steht:

Ils ont fai**t** des photos. Elles avaient achet**é** des CD. Nous avons regard**é** la télé.

Aber in **einigen Fällen** mit ***avoir*** steht das **direkte Objekt vor** dem **Verb**:

- als direktes Pronomen: *me, te, le, la, nous, vous, les*
  Ta sœur? Je **l'**ai vu**e** devant le lycée. — wen? → sie, deine Schwester
  Ces poissons, on **les** a mangé**s** hier soir. — was? → sie, die Fische
- als Relativpronomen *que / qu'*
  Les pâtes **qu'**il avait prépar**ées**. — was? → die Nudeln
  Und in diesen Fällen **richtet sich** das ***Participe passé*** nach dem **Objekt.**

1 Richte das *Participe passé* nach dem direkten Objekt.

Benjamin se souvient …

des moments qu'il avait passé_____ avec son père, du feu qu'ils ont allumé_____ ensemble, des fleurs qu'il a cueilli_____ pour sa mère, des coquillages qu'il a ramassé_____, des personnes qu'il a rencontré_____, de la dame qui l'avait grondé_____, de la croix qu'il avait fabriqué_____.

2 Verbinde die Elemente, dabei helfen dir die *Participe passé*-Formen.

1.	Je cherche ma chemise bleue.
2.	Qu'est-ce que tu as fait avec les pâtes?
3.	Où sont tes chaussures de marche?
4.	Les moustiques ne t'ont pas dérangé?
5.	Elle est bien, cette tente!
6.	Où est passé le poisson?

a)	Si, mais je les ai tués.
b)	Où est-ce que tu l'as achetée?
c)	Je l'ai remis dans l'eau.
d)	Je les ai jetées.
e)	Tu ne l'as pas vue par hasard?
f)	Je les ai mises dans le sac à dos.

Das Relativpronomen *dont* – *Le pronom relatif «dont»*

Das Relativpronomen ***dont*** bezieht sich auf **Personen** und **Sachen** im **Singular** und **Plural**. Es ersetzt eine **Ergänzung mit *de*:**

C'était un moment spécial. Il se souvient encore **de ce moment**.
→ C'était un moment spécial dont il se souvient encore. ... an den er sich noch erinnert.

Ce sont des personnes. Je garde un bon souvenir **de ces personnes**.
→ Ce sont des personnes dont je garde un bon souvenir. ... an die ich mich gerne erinnere.

C'est une note. Il est très fier **de cette note**.
→ C'est une note dont il est très fier. ... auf die er stolz ist.

Tipp Das Pronomen *dont* wird beim Sprechen mit *il(s), elle(s), on* verbunden *(liaison)*.

3 Bilde sinnvolle Aussagen und benutze *dont* als Verbindungswort.

1.	La ligne, c'est une chose
2.	Les chiens sont des animaux
3.	Les tabous sont des sujets
4.	Chez nous, la cuisine, c'est un domaine
5.	Faire le tour du monde, c'est une chose
6.	Les chrysanthèmes sont des fleurs
7.	18/20, c'est une note

a)	on ne parle pas.
b)	mon père s'occupe.
c)	j'oublie toujours l'orthographe!
d)	je rêve.
e)	elle est très contente.
f)	on a besoin pour pêcher.
g)	j'ai peur.

Das *Passé simple* – *Le passé simple*

Das ***Passé simple*** ist eine Vergangenheitsform, die nur noch **schriftlich** benutzt wird. Man findet sie in der Literatur und in der Presse. Sie **entspricht** dem ***Passé composé***. Die **3. Person Singular** und **Plural** kommen am **häufigsten** vor.

Verben auf ***-er***:

(donner)
il/elle donn**a**
ils/elles donn**èrent**

Verben auf ***-ir*/*-dre***:

(partir / prendre)
il/elle part**it** / pr**it**
ils/elles part**irent** / pr**irent**

4 Erkenne aus welchem Verb diese *Passé simple*-Formen stammen. Notiere, wie man sie heutzutage im *Passé composé* benutzt.

Passé simple	Infinitif	Passé composé
Nous aperçumes un étang.		
Le feu fit partir les moustiques.		
Nous restâmes trois jours.		
Il s'arrêta net.		
Papa décida de pêcher.		
Alors il fabriqua une ligne.		
Nos yeux se fermèrent.		

Gebrauch der Vergangenheitsformen – *Emploi des temps du passé*

In einer Erzählung benutzt man im Französischen alle drei Vergangenheitsformen: *Imparfait, Passé composé* und *Plus-que-parfait*.
Mit ***Imparfait*** beschreibt man die Hintergrund-Informationen. Kurz gesagt: alles, was schon da war.

C'était l'été. Je portais un nouveau t-shirt. Léo m'attendait dans un café.

Mit ***Passé composé*** beschreibt man eine einmalige Handlung oder eine Reihe von abgeschlossenen Ereignissen. Das *Passé composé* kündigt immer eine Veränderung in der Erzählung an, eine Konsequenz, etwa die Antwort auf: „Was ist dann passiert?"

J'ai pris le bus et je suis allée à mon rendez-vous avec Léo.

Das ***Plus-que-parfait*** beschreibt Handlungen, die zeitlich vor einem anderen Geschehen passiert sind.

J'ai revu hier le garçon que j'avais rencontré l'année dernière.

Tipp

Im Deutschen wird (vor allem bei den süddeutschen Mundarten) das *Plus-que-parfait* oft durch das Perfekt ersetzt. Im Französischen sind sie aber nicht austauschbar.

5 Untersuche die Vergangenheitsformen in dem folgenden Text und notiere, was sie ausdrücken:

(1) Hintergrundinformation (2) einmaliges Geschehen
(3) Folge von Ereignissen (4) Konsequenz (5) frühere Handlung

Benjamin, voilà ce que j'ai décidé. (__) Nous allons partir un mois ensemble. Nous étions à table. (__) Papa avait préparé des pâtes. (__) Elles n'avaient pas de goût comme ça, sans fromage. (__) Alors je ne les ai pas mangées. (__) Papa avait l'air déçu. (__) Et puis, il s'est levé et allé dans la cuisine et il est revenu avec une bouteille de Ketchup. (__)

6 Setze die nötigen Vergangenheitsformen ein.

Le week-end dernier, je (aller) ______________________ voir un ami que je (connaître) ______________________ depuis l'école primaire. Je lui (envoyer) ______________________ un SMS pour lui annoncer ma visite.

Hier, Mathieu (passer) ______________________ son permis de conduire. Il (être) ______________________ très nerveux et (ne pas pouvoir) ______________________ dormir pendant toute la nuit. Alors, bien sûr, il (faire) ______________________ une faute après l'autre.

Ce soir-là, Mme Monet (se coucher) ______________________ tôt parce qu'elle (avoir) ______________________ une dure journée. Vers 2h du matin, elle (entendre) ______________________ un grand bruit à sa porte. C'(être) ______________________ le voisin du dessus. Il (beaucoup boire) ____ et (penser) _____________ être chez lui.

7 Man kann das Gegenteil mancher Adjektive ausdrücken, indem man die Vorsilbe *in-* oder *im-* (vor *b, m, p*) hinzufügt. Damit kannst du deinen Wortschatz leicht erweitern. Probiere es bei folgenden Vokabeln:

_____parfait – _____juste – _____mobile – _____discret –

_____populaire – _____exact – _____compétent – _____mortel –

_____poli – _____égal – _____connu – _____compatible

Tipp Wenn nach ***in-*** bzw. ***im-*** ein Vokal steht, wird die Vorsilbe **nicht** nasal ausgesprochen, z. B. *utile* (nützlich, nötig) → *inutile* [inytil].

8 Mit der Vorsilbe *dé-* oder *dés-* (vor Vokal und vor *h*) kannst du auch das Gegenteil von vielen Verben bilden. Probier es.

	Gegenteil des Verbs	Übersetzung des Gegenteils
bloquer		
armer		
coder		
coller		
habiller		
obéir		
conseiller		

9 Es gibt im Deutschen wie im Französischen viele Adjektive, die ähnlich sind. Zum Beispiel diejenigen, die auf *-if* oder *-ique* enden. Bringe sie dir in Erinnerung.

sport:	folklore:
communication:	activité:
drame:	énergie:
allergie:	agression:
antiquité:	création:

10 Ersetze die markierten Nomen durch ein Adjektiv auf *-al*. Denke auch daran, sie anzugleichen: fem: *-ale*/*-ales*, mask.: *-al*/*aux*.

Des spécialités **de la région**. ____________________

Des conflits **du monde**. ____________________

Une histoire **avec beaucoup de sentiments**. ____________________

Des problèmes **de société**. ____________________

Des produits **de la nation**. ____________________

Des situations **de la normalité**. ____________________

Tous les hommes sont **sur un pied d'égalité**. ____________________

11 Kombiniere die Silben, um 8 Wörter aus dem Gebiet *pêcher* und 8 aus dem Gebiet *nature* zu entdecken.

pêcher

ri, viè, fi, di, tang, gne, pois, é, le, ha, li, son, se, cel, pri, sar, çon, re, ne, me

nature

li, gue, ge, mar, se, o, quil, la, bre, clair, mous, bel, lu, que, co, ge, ra, ar, ro, le, ri, te, é, ti

12 In Modul 3 werden auch Personenbeschreibungen wiederholt. Sag das Gegenteil.

Elle est gentille. ↔ ______________________

Il est marié. ↔ ______________________

Elle est blonde. ↔ ______________________

Il est nerveux. ↔ ______________________

Il est sûr de lui. ↔ ______________________

Elle est discrète. ↔ ______________________

Il a beaucoup de qualités. ↔ ______________________

13 Ergänze – wenn nötig – die folgenden Angaben zur Person.

J'aime _______ faire _______ sport. Elle adore _______ aller _______ cinéma et faire _______ shopping. Moi, je voudrais jouer _______ guitare. Nous, on va souvent _______ médiathèque. Il aimerait _______ faire _______ tour _______ monde _______ bateau. Elle voudrait _______ devenir _______ actrice alors elle prend _______ cours _______ une école _______ art dramatique. Je suis né(e) _______ 3 _______ octobre.

Lerntipp: Einen Text mündlich präsentieren

Wenn du einen Vortrag halten musst, kannst du immer demselben Schema folgen.

- Zuerst das Hauptthema ankündigen (introduction):

  Je vais vous parler de ...
  Le sujet de mon exposé, c'est ...
  Ce livre / ce texte / ce film traite / présente le ...

- Dann die Strukturen signalisieren:

  Il y a (3) parties/scènes. Dans la premiere (partie/scène), l'auteur raconte le/la ..., présente le/la ... Dans la deuxième, il montre le ... Enfin, dans la dernière partie, il ...

- Am Schluss kommt eine Zusammenfassung:

  En résumé, on peut dire que ... Pour terminer, on voit ici que ...

- Wenn erwünscht, kannst du am Ende deine eigene Meinung bringen:

  A mon avis, ...; Moi, je pense que ...; Je trouve que ...

Eine gute Nachricht: die Inhaltswiedergabe eines Textes oder Films wird immer im *Présent* gehalten. Und denke daran die *kleinen Wörter* gezielt anzuwenden.
Bonne chance!

Hören und verstehen 23

14 Höre genau hin. Die folgenden Aussagen sind entweder richtig oder falsch. Kreuze an und gib bei „falsch“ die richtige Antwort.

1. ☐ richtig ☐ falsch
2. ☐ richtig ☐ falsch
3. ☐ richtig ☐ falsch
4. ☐ richtig ☐ falsch
5. ☐ richtig ☐ falsch
6. ☐ richtig ☐ falsch

Hören und nachsprechen 24

15 Höre dir die folgenden Sätze an und sprich sie nach.

Hören und schreiben 25

16 Höre dir den vollständigen Text an und ergänze die Lücken.

Je ____ ______________ d’une randonnée que j’ai _________ avec des amis.

Nous sommes __________ ____ ____ Côte d’Azur où il faisait 34° et après

trois __________ ____ _________, nous sommes arrivés dans un village

____ ______________. Nous _________ _________ le chemin de randonnée

et nous _________ marché deux heures _______ __________ au sommet.

Là, nous _______ __________ ____________: un groupe est parti voir des

chamois*, _____ __________ ont fait un pique-nique. Tout à coup, on a

vu _____ __________ __________ arriver. On a voulu descendre tout de

suite mais ____ ____________ ______________ les autres. Finalement quand

nous avons commencé ____ _______________ tous ensemble, il s’est mis à

______________ et il y avait des ____________ terribles.

*chamois: Gämse

Das Wesentliche verstehen

17 Einen Monat lang durch Frankreich zu wandern, ist ursprünglich eine Horrorvorstellung für Benjamin. Aber diese Zeit wird bald zur einmaligen Erfahrung. Ähnlich geht es vielen Menschen, die sich auf den Pilgerweg nach Sankt Jakob de Compostela begeben. Was man alles auf diesem Weg erleben kann, erfährst du im folgenden Bericht.

Le chemin de Compostelle existe depuis plus de 1000 ans. Au 9e siècle, le corps de St-Jacques le Majeur, un des douze apôtres du Christ est découvert dans le village de Santiago de Compostela en Espagne. Les aristocrates français sont les premiers à se rendre dans ce lieu chargé de spiritualité. Depuis quelques années, ce chemin est de nouveau très fréquenté. Chacun de nous connaît quelqu'un qui y est allé ou qui projette de s'y rendre. Les motivations pour ce pèlerinage sont des plus variées: réaliser un exploit physique, vivre dans des conditions similaires à celles du Moyen-Age, connaître une période de méditation et de réflexion, chercher une dimension spirituelle, mais aussi le désir de passer des vacances différentes, actives et bon marché. Mais quelles que soient les raisons initiales, beaucoup disent qu'ils en sont revenus transformés. Pourtant cette randonnée est loin d'être une partie de plaisir aussi bien au niveau physique qu'au niveau psychique. Il faut savoir que les longues marches quotidiennes ne sont pas comparables aux tours en montagne du samedi où après quelques heures d'effort, on retrouve sa voiture et plus tard son confortable chez soi.
Sur le chemin de Compostelle, certaines étapes sont longues, monotones et solitaires, tout ça, dans un paysage pas toujours attrayant et avec des conditions météorologiques qui changent vite. En théorie, chacun suit son rythme de marche personnel, mais en réalité, impossible de s'arrêter longtemps même si les pieds font mal ou si on est épuisé car il faut essayer d'arriver au prochain centre d'hébergement avant la nuit. Le sac à dos ne doit pas être lourd, on ne peut pas transporter du matériel de camping sur de longues distances. Heureusement, on est souvent aidé et encouragé par les autres pèlerins ou par les personnes qui habitent le long du chemin. Et quand on arrive enfin dans les lieux d'accueil, il ne faut pas s'attendre à trouver le luxe d'un hôtel 3 étoiles. Le pèlerinage n'est pas conseillé à ceux qui désirent passer des vacances dans la nature pure pendant la journée et dans le confort moderne le soir. Ce voyage dans l'Histoire ne ressemble pas à des vacances au Club Méditerranée! Ici, le chemin est le but et l'expérience mentale et physique est la récompense.

Beantworte die Fragen:

1. Woher kommt der Name Jakobsweg?

___

2. Wer hat sich zuerst auf den Weg gemacht?

___

3. Warum ist der Jakobsweg so populär?

___

4. Welche Gründe für die Pilgerreise haben mit körperlicher Erfahrung zu tun?

___

5. Wieso ist der Pilgerweg für manche Leute so attraktiv?

___

6. Welche Aussage machen viele Leute nach der Tour?

___

7. Warum ist eine normale Wanderung anders als der Jakobsweg?

___

8. Welche Schwierigkeiten erwarten den Pilger?

___

9. Wieso kann man sich nicht lange aufhalten?

___

10. Welche menschliche Erfahrung kann man machen?

___

11. Wer sollte auf diese Reise verzichten?

___

12. Welche Belohnung findet der Pilger?

___

Plattform 2 (L 4–5, M 1–3)

1 In Plattform 2 werden biographische Fakten von Napoléons und Ludwigs XIV Leben präsentiert. Hier sind sie durcheinander geraten. Ordne sie der richtigen Person zu.

	Napoléon	Louis XIV
Il est né en Corse.	☐	☐
On l'appelle le Roi-Soleil.	☐	☐
Il impose son autorité absolue.	☐	☐
Il engage les meilleurs artistes d'Europe.	☐	☐
Il fait construire l'Arc de Triomphe.	☐	☐
Il a 23 ans à la mort de son premier ministre.	☐	☐
Il transforme Le Palais du Louvre en musée.	☐	☐
Il est mort sur l'île de St-Hélène.	☐	☐

2 Füge ein Relativpronomen in die historischen Informationen.

Versailles, c'est un château ___________ beaucoup de rois ont copié.

Waterloo, c'est l'endroit __________ Napoléon a perdu une célèbre bataille.

Mazarin, c'est l'homme ___________ était le Premier Ministre de Louis XIV.

«Guerre et Paix», est un roman ___________ l'auteur s'appelle Tolstoï.

Ajaccio est une ville corse dans ___________ Napoléon est né.

Le Nôtre est le jardinier ___________ Louis XIV donne l'ordre de dessiner les jardins de Versailles.

Les révoltes ___________ Louis XIV met fin, lui donnent le pouvoir absolu.

3 Im Laufe von *Découvertes 4* hast du deinen Wortschatz sehr erweitert. Du kennst bestimmt das Gegenteil der folgenden Verben.

s'endormir: ______________________

arriver: ______________________

commencer à: ______________________

construire: ______________________

se souvenir de qc: ______________________

sortir: ______________________

dire la vérité: ______________________

aimer: ______________________

éteindre: ______________________

enlever qc: ______________________

4 Ergänze die Tabelle mit gegensätzlichen Wörtern.

le début, le commencement	
	le centre-ville
la liberté	
la vie	
	le soleil
l'enfer	
	le défaut
le jour	

Lerntipp: Umschreibung

Auch wenn du dir inzwischen einen breiten Wortschatz zugelegt hast, kann man von dir nicht erwarten, dass du alle französischen Wörter kennst. Keine Sorge: Ohne neue Wörter zu lernen, wirst du mit ein paar strategischen Redewendungen dich immer verständlich machen und das bekommen, was du willst. Dazu musst du nur die folgenden Strukturen anwenden:

C'est quelque chose	qui sert à …
C'est un truc	dont on a besoin pour …
C'est un appareil	qu'on trouve/utilise souvent (dans … / pour …)

Gib so viele Infos wie du kannst, damit die Franzosen sich vorstellen können, was du da umschreibst. Du wirst überrascht sein, wie gut man dich mit dem „Dingsda" versteht! Und mit der Zeit wird diese „Überlebenskunst" dir immer leichter fallen und deine Kreativität auf Neues stimulieren. Und gleich eine kleine Kostprobe: Kennst du das genaue Wort für die folgende Sache?

C'est quelque chose qu'on utilise dans la nature. C'est un truc dont on a besoin pour le camping. C'est comme une petite maison mais en textile.
Na, erraten? Ja, es ist ein Zelt (la tente).

Mache mit deiner Freundin, deinem Freund ein Ratespiel daraus. Jeder notiert Wörter auf einzelne Karten. Diese werden gesammelt und ausgetauscht. Abwechselnd wird ein Wort umschrieben und wer das französische Wort gefunden hat, bekommt einen Punkt. So macht das Pauken richtig Spaß!

5 Wie gesagt, Umschreibungen können dir, um verstanden zu werden, sehr hilfreich sein, wenn dir das richtige Wort im Moment nicht einfällt. Von welcher Sache ist hier die Rede?

C'est quelque chose …

1. qui sert à ouvrir et fermer les portes: ____________________
2. dont on a besoin pour attraper des poissons: ____________________
3. qui passe au-dessus d'une rivière ou d'un fleuve: ____________________
4. qui tombe du ciel et qui est blanc et froid: ____________________
5. dont on a besoin pour installer ou réparer quelque chose: ____________________
6. que tu fais avec des amis pour t'amuser: ____________________

6 Übersetze die Adjektive und Adverben in Klammern.

Hier, j'ai pris le **(falschen)** ________________ bus, alors je suis **(schnell)** ________________ descendue.

C'est parce que tu as **(gut)** ________________ travaillé que tu as eu de **(gute)** ________________ notes.

(Leider) ______________________ il y a de très **(große)** ________________ différences entre les pays **(arm)** ________________ et les pays **(reich)** ________________.

Elle veut **(unbedingt)** ______________________ être la **(beste)** ____________________.

Ce mot est **(korrekt)** ________________ mais tu le prononces **(schlecht)** ________________.

C'est **(schwierig)** ________________ de vivre **(anders)** ____________________ que les autres.

7 In den folgenden Sätzen berichten Leute, wonach sie gefragt wurden. Achte auf die Zeitform und bilde die direkte Frage dazu.

La police nous a demandé si on avait vu quelque chose.

____

____?

Mon père m'a demandé si j'avais envie de partir avec lui.

____?

Le prof a demandé combien de temps notre exposé durerait.

____?

Les copains m'ont demandé ce que j'allais faire pendant les vacances.

____?

8 Hier stehen direkte Aussagen oder Fragen, die du gehört hast. Du erzählst sie Freunden. Bringe alle nötigen Änderungen.

C'est Napoléon qui a créé le bac.

Le prof nous a dit ______________________________________.

Quand est-ce que tu reviendras?

Il m'a demandé ______________________________________.

Mes parents vont divorcer.

Céline m'a raconté ______________________________________.

Est-ce que tous les élèves doivent venir?

Nicolas a demandé ______________________________________.

Qu'est-ce que vous pensez de mes nouvelles lunettes?

Elle nous a demandé ______________________________________.

Beaucoup de rois ont copié Versailles.

On nous a dit ______________________________________.

9 Du hast dir die Erzählungen in den Lektionen und Modulen sicher gut gemerkt. Teste dein Gedächtnis und schreibe, was die Objektpronomen ersetzen.

Lektion 4:

Samuel en a marre (4 choses): ____________________

Samuel lui tourne le dos: ____________________

Sa mère lui a dit:
«On en parlera plus tard.»: ____________________

Samuel avait dû les voler dans
la pharmacie de sa mère: ____________________

Lektion 5:

Il faut y venir entre décembre et mai: ____________________

On peut en faire sur les rivières de l'île: ____________________

On dois y faire très attention car ils sont dangereux: ____________________

On le parle en Martinique et en Guadeloupe: ____________________

Modul 1:

Sa mère l'a mis à l'internat parce qu'il a fait des bêtises: ____________________

M. Mathieu la prend et l'éteint: ____________________

Le directeur veut lui plaire: ____________________

M. Mathieu leur donne envie de chanter: ____________________

Modul 2:

On **les** a beaucoup applaudis: ______________________________

Ils auraient été bêtes de rater **ça**: ______________________________

Un surfeur doit **y** rester le plus longtemps possible: ______________

Les pompiers ont mis quatre heures pour **le** retrouver: ______________

Modul 3:

Le père de Benjamin **les** avait faites en cinq minutes: ______________

Benjamin n'**en** a aucun souvenir: ______________________________

Le père de Benjamin **l'**a rencontrée
au bord de la mer: ______________________________

Ben et son père **y** dorment pendant leur tour: ______________

10 Erinnere dich an die lustigen Sprüche und an die alltäglichen Redewendungen. Kreuze die richtige Reaktion an.

a) J'ai 15 ans aujourd'hui.
- ☐ Bon anniversaire
- ☐ A tes souhaits!

b) Ta sœur est très curieuse. Elle pose beaucoup de questions.
- ☐ Oui, elle nous casse les pieds avec ses questions.
- ☐ Oui, elle nous pose un lapin avec ses questions.

c) Ton copain n'aime pas trop travailler.
- ☐ C'est vrai, il n'est pas dans son assiette.
- ☐ C'est vrai, il a un poil dans la main.

d) C'est moi qui ai fait ce gâteau.
- ☐ Bon appétit!
- ☐ Chapeau!

e) Geoffrey est à l'hôpital.
- ☐ Ce n'est pas grave.
- ☐ Le pauvre! Qu'est-ce qu'il a?

f) Bon, alors rendez-vous dans une demi-heure chez moi.
- ☐ D'accord, à tout de suite.
- ☐ D'accord, à bientôt.

11 Du kennst jetzt viele Verneinungen. Bringe sie dir in Erinnerung, indem du die folgenden Sätze in die negative Form bringst.

Ils ont attrapé beaucoup de poissons. **(ne … aucun)**

____

Ils ont eu des problèmes. **(ne … aucun)**

____

J'en avais eu souvent besoin. **(ne … pas)**

____

Il a voulu la voir. **(ne … plus)**

____

Il avait tout dit à sa mère. **(ne … rien)**

____

J'ai déjà habité dans une tour. **(ne … jamais)**

____

On doit lui dire quelque chose. **(ne … rien)**

____

Ils lui ont demandé des drogues. **(ne … plus)**

____

J'y ai pensé. **(ne … plus)**

____

12 Manche Audrücke funktionieren mit *Subjonctif*, andere mit *Indicatif*.
Verbinde die Elemente, die zusammenpassen.

a)	Mes parents voudraient Mes parents pensent	que je fais des études. que je fasse des études.
b)	Il m'a dit Je ne crois pas	qu'il viendrait cet été. qu'il vienne cet été.
c)	J'espère Je souhaite	que tu sois contente. que tu seras contente.
d)	Elle aimerait Elle trouve	que le français soit plus facile. que le français n'est pas si difficile.

13 Auch in der folgenden Übung musst du den richtigen Satzbau wählen.

Je regrette
- ☐ que je ne puisse pas venir avec vous.
- ☐ de ne pas pouvoir venir avec vous.

Napoléon exigeait
- ☐ que ses soldats lui obéissent.
- ☐ que ses soldats lui obéissaient.

On pense
- ☐ que c'est Louis XIV qui a dit: «L'Etat, c'est moi.»
- ☐ que c'est Louis XIV qui dirait: «L'Etat, c'est moi.»

Je ne savais pas
- ☐ que Napoléon a créé le bac.
- ☐ que Napoléon avait créé le bac.

14 Inzwischen sind für dich die *si*-Sätze sicher ein Kinderspiel. Ergänze die fehlenden Teile mit der richtigen Zeitform.

Si la chorale plaît à la Comtesse, elle **(donner)**

_______________ de l'argent à l'école.

S'ils avaient eu un hameçon, ils **(pouvoir)**

________________________ attraper des poissons.

Si ses parents **(vivre)** __________________ encore ensemble, Benjamin serait plus heureux.

Si Mathilde et Farid avaient su que le mascaret était si chouette,

ils **(venir)** ______________________________ plus tôt à St-Pardon.

Si vous visitez les Antilles, vous n'**(oublier)** ____________________ jamais ces moments.

Si on **(prendre)** ______________ ce chemin, on arrivera les premiers.

15 Du hast gesehen, dass man mit einem *si*-Satz die Welt ändern kann. Auch die Geschichte könntest du auf diese Art und Weise neu schreiben! Probiere es mit dieser Übersetzung.

a) Wenn Napoléon der Sonnenkönig gewesen wäre, hätte er Versailles bauen lassen.

b) Wenn ich ein armer Bauer gewesen wäre, hätte ich auch die Revolution gemacht!

c) Wenn Napoléon die Schlacht von Waterloo gewonnen hätte, wäre er Kaiser geblieben.

d) Wenn ich im 18. Jahrhundert gelebt hätte, hätte ich gern in einem Schloss gewohnt.

e) Wenn Napoléon größer gewesen wäre, hätte er vielleicht nicht von einem großen Frankreich geträumt!

Diktat

16 Schreibe den folgenden Text als Diktat. Lass ihn dir von jemandem diktieren, von dem du weißt, dass er eine gute Aussprache in Französisch hat. Anschließend vergleiche deine Fassung mit dem Text. Markiere die Fehler und schreibe die falschen Stellen einmal richtig, damit sich dir die richtige Schreibweise einprägt.

La construction de Versailles a commencé en 1661 et a duré plus de cinquante ans. 35000 hommes et 6000 chevaux ont travaillé sur le chantier pour transformer l'ancien pavillon de chasse de Louis XIII en un château royal. Malgré sa taille monumentale, le château ne suffit pas à accueillir tous les courtisans qui souhaitent vivre près du roi et participer aux grandes fêtes de la cour. Alors l'architecte Mansart a l'idée d'installer des chambres sous le toit qui porteront le nom de mansardes. Mais à côté des fêtes, la vie de la cour est complètement réglementée par l'étiquette, un rituel précis et très strict, qui accompagne tous les gestes du roi. On se dispute «l'honneur» d'assister jour après jour et toujours à la même heure au lever du roi, à sa toilette, à ses repas et à son coucher. Une vie finalement très monotone.

Übersetzung

17 Übersetze den Text.

In der Nacht vom 16. August 1661 besucht Ludwig XIV ein Fest in Vaux-le-Vicomte, das sein Finanzminister Nicolas Fouquet zu seiner Ehre organisiert hat. Fouquet, ein reicher Mann und (Kunst-)Mäzen, hat für den Bau seines neuen Schlosses Vaux-le-Vicomte die größten Talente Frankreichs beauftragt: der Stil, die Dekorationen, die Möbel, die Gärten, alles zeigt eine unglaubliche Perfektion. Ludwig fühlt sich provoziert, denn die Paläste, in denen die königliche Familie lebt, sind bei weitem nicht so luxuriös. Das ist zuviel für den Sonnenkönig! Am 15. September schickt er d'Artagnan und seine Musketiere, um Fouquet festzunehmen.
Fouquet wird bis zu seinem Tod im Gefängnis bleiben. Und der König lässt schnellstens Versailles bauen und verlangt, dass es größer und schöner als Vaux-le-Vicomte aussehen soll.

Fotoalbum

18 Du bist nun am Ende von *Découvertes 4* angelangt. Bevor du das Trainingsbuch schließt, wirf einen letzten Blick auf einige Fotos, die dich in den Lektionen begleitet haben. Schreibe dazu kleine Kommentare.
Bonne chance!

1. ______________________

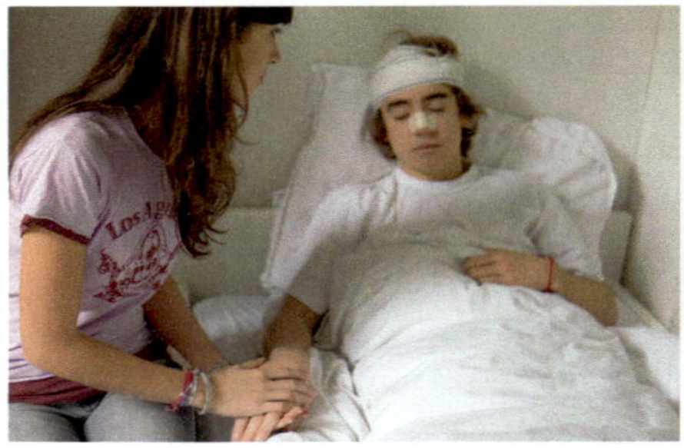

2. ______________________

3. ______________________

4.

5.

6.

LÖSUNGEN

Lektion 1

1 Je trouverais bien que tout le monde porte (S) un uniforme. – Je sais que tu t'intéresses (I) beaucoup à Marine. – Il propose qu'on cherche (S) ensemble une solution. – Elle dit que je m'habille (I) comme un vieux. – J'ai peur qu'elle me quitte (S). – Je voudrais que tu m'achètes (S) un nouveau portable. – Il faut qu'on appelle (S) Lucas.

2 *-er*, **trouver:** que je trouve, que tu trouves, qu'il/elle trouve, que nous trouvions, que vous trouviez, qu'ils/elles trouvent.
-ir, **choisir:** que je choisisse, que tu choisisses, qu'il/elle choisisse, que nous choisissions, que vous choisissiez, qu'ils/elles choisissent.
-ir, **partir:** que je parte, que tu partes, qu'il/elle parte, que nous partions, que vous partiez, qu'ils/elles partent.
-dre, **attendre:** que j'attende, que tu attendes, qu'il/elle attende, que nous attendions, que vous attendiez, qu'ils/elles attendent.

3 Il faut que tu dormes plus. – Je voudrais qu'on réussisse. – Il interdit que les élèves portent des jeans. – Je n'aime pas que tu répondes comme ça. – Elle a peur que tu sortes avec d'autres filles. – Il propose que nous organisions une manif. – C'est important que tu mettes des fringues branchées.

4 Je voudrais que tu me comprennes mieux. – Je préfère que tu ne boives pas d'alcool. – Il faut d'abord qu'on reçoive la permission. – C'est important que vous appreniez le subjonctif! – Je propose que vous veniez chez moi. – Je crains que nous devions nous excuser. – Elle exige que je voie le proviseur. – Il faut que je lui achète un cadeau.

5 **faire:** que je fasse; être: que tu sois; pouvoir: qu'il puisse; aller: qu'ils aillent; savoir: que nous sachions; avoir: qu'elle ait; vouloir: que tu veuilles

6 Le proviseur interdit que les élèves fassent du trafic. – Il est important que vous pensiez à vos examens. – Il exige que tout le monde soit là. – Il est temps que tu reviennes. – Il faut que tu parles à Max. – Il demande qu'on lui raconte tout.

7 *(Die Adjektive in Klammern sind nur Lösungsvorschläge.)*
Moi, je trouve (bien) que l'école soit obligatoire jusqu'à 16 ans. – Moi, je trouve (pratique) qu'il connaisse mes goûts. – Moi, je trouve (normal/sympa) qu'elle me dise quelle marque je dois acheter. – Moi, je trouve (idiot/normal) qu'il fasse tout pour lui plaire.

8 Ils veulent/exigent que je **sois** à l'heure pour les cours, que je **fasse** mes devoirs, que j'**apprenne** bien mes leçons, que je **mette** des vêtements ringards, que j'**arrête** de jouer avec mon portable, que j'**aie** de bonnes notes, que je **réussisse** mes examens, que j'**aille** souvent au CDI, que je **sache** par cœur les verbes français!

9 Je **veux** / J'**exige** que tu m'expliques. – Je **crains** / J'**ai peur** qu'il fasse une bêtise! – Les copains du lycée sont **contents/heureux** que Max soit de retour. – Marine **propose** qu'on fasse une manif. – Son copain **souhaite/aimerait** que Marine porte sa jolie robe noire. – Je **trouve bête** qu'on ne puisse pas quitter le lycée à midi.

10 BORE: une **robe**; PEJU: une **jupe**; LIPS: un **slip**; TUCOSME: un **costume**; TANPLANO: un **pantalon**; TESCHATUSE: une **chaussette**; LULP: un **pull**; EJAN: un **jean**; TROSH: un **short**; SIMECHE: une **chemise**; SOLUBON: un **blouson**; GOGJIGN: un **jogging**

11 1: élégant; 2: consommateur; 3: affiches; 4: marques; 5: goûts; 6: taille; 7: vêtements; 8: dictature; 9: dépenser

12 **1. / h)** une affiche de pub – **2. / d)** l'argent de poche – **3. / e)** le trafic d'étiquettes – **4. / f)** des sandales de plage – **5. / g)** des fringues/vêtements de grand-père – **6. / a)** un slip de bain – **7. / c)** des lunettes de soleil – **8. / b)** des vêtements/fringues de marque

13 Dire la vérité à quelqu'un: **avouer**; – Identifier un objet ...: **reconnaître**; – Ne pas avoir assez d'argent: **ne pas avoir les moyens**; – Ne pas aimer quelque chose: **détester**; – Faire venir quelqu'un officiellement: **convoquer**; – Avoir peur: **craindre**; – La situation va mal finir: **va mal tourner**

14
- Wie lautet der Titel? **Comment les marques te draguent.**
- Worum kann es gehen? **Um Marken/Mode/Verführung.**
- Wieviel Teile hat der Text? **5, also fünf Hauptgedanken.**
- Woher kommt der Text? / Für welches Publikum ist er geschrieben? **Aus Okapi, einem französischen Magazin für Teenager. Kombiniert mit dem Titel, bekommst du schon eine Ahnung, dass der Text dich über bestimmte Sachen informieren/warnen will.**
- Was siehst du auf dem Bild? **Das Bild zeigt eine kräftige Figur mit Muskeln. Das Gesicht zeigt keine Gefühle. Die Gestik bedeutet Entschlossenheit. Also eine gefährliche Erscheinung. Denkst du auch an Schwarzenegger? An Terminator? An Gefahr? Das ist gewollt. Am ganzen Körper trägt er Marken, die zwar nicht existieren, aber dir**

trotzdem bekannt vorkommen. Die Idee: Vorsicht mit dem Kerl! Jetzt liest du den ganzen Text ohne Stress und ohne alles gleich verstehen zu wollen. Du erkennst viele Wörter. Du bekommst schon eine bestimmte Vorstellung von der Absicht des Autors.

Nun fängst du an, einen Abschnitt nach dem anderen zu lesen.
- Im 1. Abschnitt findest du „dictature des marques", „150 millions d'euros", „consommateur" als Schlüsselwörter.
- „Dictature" und „consommateur" sind für dich neu, aber du kennst im Deutschen „Diktatur", „Konsum", so dass du keine großen Schwierigkeiten damit hast.
- Nun ist dir „dépense" komplett neu. Weil du weißt, dass es um die Werbung geht, musst du dich fragen: Was macht er bzw sie, die Werbung, um mich anzumachen? Il ??? 150 Millions d'euros.
- Was kann das bedeuten? Klug, wie du bist, interpretierst du es als „investieren, auslegen, verpulvern, ausgeben". Und Recht hast du: das ist nämlich die Idee.

Und so machst du weiter mit den anderen Absätzen.

15
- Supermarketor veut faire de toi un parfait consommateur: **b)** Il veut que tu achètes beaucoup.
- Quand tu regardes ton écran, les marques vont directement dans ton cerveau: **a)** Tu mémorises les pubs sans t'en apercevoir (= dans ton subconscient).
- Supermarketor a tous tes codes: **a)** Il utilise les symboles que tu aimes pour te manipuler.
- Lara Croft te dit le nom de la nouvelle voiture de ton papa: **b)** Parce que tu adores Lara, tu veux que ton père ait la même voiture qu'elle.

16
1. Marine plaît à tous les garçons du lycée. **– richtig**
2. Maxime a fait du trafic d'étiquettes parce qu'il n'avait pas beaucoup d'argent de poche. **– falsch:** Maxime n'avait pas vraiment besoin d'argent.
3. Finalement, Maxime a tout avoué au proviseur. **– falsch:** il avait décidé de ne rien raconter.
4. Le proviseur le renvoie de l'école pour une semaine. **– richtig**
5. Marine pense que c'est à cause d'elle que Maxime est puni. **– richtig**
6. Lucas va malgré tout changer de look pour rester avec Marine. **– falsch:** il dit qu'il ne sera jamais un skateur et qu'il n'est plus le copain de Marine.

17
1. Tu n'as pas besoin de mettre des vêtements de marque pour que je t'aime. – 2. C'est difficile d'être différent des autres et de ne pas suivre la mode. – 3. On se retrouve chez moi dans 20 minutes? – Pas possible: le proviseur m'a donné deux heures de colle. – 4. Salut, Max! Tu ne devineras jamais ce qui s'est passé. On a organisé une manif pour toi! – 5. Pourquoi

est-ce que tu lui as tout dit? – Parce que j'ai eu peur quand j'ai vu que ça tournait mal. – 6. Tu en as parlé à Lucas? – Non, mais je lui ai laissé un message sur son portable.

18 Il faut que je te dise quelque chose, mais je veux que ça reste un secret entre nous. – D'accord. Alors? – Eh bien, tu sais que depuis quelques mois, je sors avec Marine. – Ouais et tu as bien de la chance: c'est la plus belle fille du lycée! – Oui, mais ..., voilà, quand on est ensemble, je m'ennuie. Elle ne s'intéresse à rien sauf à la mode. Alors, on passe tout notre temps dans les boutiques. Mais dernièrement, sa copine Laure est venue avec nous. Elle n'a pas la taille mannequin et elle ne s'habille pas branché. Mais si tu savais comme elle est drôle et intéressante! Je crois que je suis tombé amoureux.

19 Übersetzungshilfe:

Die Uniform der modernen Zeiten

Gefragt, wie wichtig Marken für sie sind, haben nur 11 % der Teenies geantwortet, dass sie es für wichtig hielten, „in-Klamotten" zu tragen, während die Eltern schätzen, dass 62 % der Jugendlichen viel Wert darauf legen. Und tatsächlich zeigt die Realität, dass die meisten Teenies es vorziehen, Markenkleidung zu tragen. Diese Haltung gegenüber dem Marken(zwang) ist ein relativ neues Phänomen. Die Elterngeneration behauptet, dass es nicht existierte (vorhanden war), als sie selbst zur Schule gingen. Gemäß der Untersuchung sind die Schüler der 5. (französischen) Klasse am meisten dafür empfänglich. Die wichtigsten Merkmale sind Schuhe und Rucksack. Was die Bekleidung betrifft, unterscheidet man verschiedene Stile: skateur, shall, girly, baba, rider ... Und die Teenies sind echte Markenexperten: sie erkennen beim ersten Blick das kleine Detail, das den Unterschied ausmacht. „Wir schauen erst auf die Kleidung, bevor wir mit jemandem sprechen. Es ist schade, aber es ist so", stellen viele Schüler fest. In Folge dessen werden diejenigen, die nicht modisch angezogen sind, völlig übersehen, gemobbt oder glatt ausgeschlossen. Eine sehr harte Situation, die viel Leiden bringt bei den Jugendlichen, die sich für Mode nicht interessieren und bei denen, die nicht genug Geld haben, um sich die teuersten chicken Accessoires zu leisten. Ein schwieriges Thema auch für die Eltern, die möchten, dass ihre Kinder von ihren Schulkameraden akzeptiert werden, (während) sie gleichzeitig diese Mentalität verurteilen. Viele Eltern schließen dann Kompromisse, wie z. B. diese Mutter, die sagt: „Ich gebe ihm die Summe, die ich selber für dieses Bekleidungsstück ausgeben würde und er ergänzt (sie) mit seinem Taschengeld." Und wenn das Familienbudget nicht ausreicht, treiben 7 % der Teenies Schwarzhandel mit Etiketten.
Aber woher kommt dieses Interesse für Marken? Manche behaupten, die Designerklamotten seien schöner und dass es sofort auffällt. Andere

denken (zu Unrecht), dass sie eine bessere Qualität haben. Andere wiederum reagieren auf die Werbung vor allem dann, wenn sie von ihren Idolen aus der Sportwelt oder dem Showgeschäft geführt wird. Sie wollen ihnen dann ähnlich sein. Gleichzeitig meinen alle, die Mode ermögliche ihnen, ihre Gleichgesinnten zu erkennen, und ihre Persönlichkeit sowie ihren persönlichen Geschmack auszudrücken.
Die Marketingabteilung der großen Marken benutzt verschiedene Strategien, um die Jugendlichen zu beeinflussen. Z. B. werden Schüler, die den Ton angeben, kostenlos von ihnen bekleidet. Oder sie schicken Jugendteams auf die Straße, die Proben und Schnick-Schnack mit ihrem Logo verteilen. Oder sie organisieren Parties mit Prominenten, die bis zu 500 000 € im Jahr erhalten, wenn diese ihre Markenklamotten tragen. Danach bedienen sie sich der Teeniepresse, die ausführlich beschreibt, welche Sachen die Stars getragen haben. Sehr schnell setzen die Teenies ihre Eltern unter Druck, um dieselben Sachen zu bekommen wie ihre Lieblingsstars.
Aber in den Augen der Erwachsenen ist der Markenzwang die Uniform der modernen Zeiten: wer ihn ablehnt, wird nicht integriert, wer ihn unterstützt, ist gefangen. Daher wünschen viele Eltern, dass man in den Schulen die Marken verbietet wie man (auch) die religiösen Symbole verbietet.

Marken sind für Teenies wichtiger als sie meinen. **– richtig**
Dieses Interesse für Marken hat immer existiert. **– falsch**
In der Rangliste sind Schuhe und Rucksäcke das Wichtigste. **– richtig**
Jugendliche erkennen sofort die echten Marken. **– richtig**
Das Aussehen ist es nicht, auf das man zuerst achtet. **– falsch**
Wer nicht „in“ ist, wird trotzdem allgemein akzeptiert. **– falsch**
Eltern haben mit dieser Modementalität Probleme. **– richtig**
Eltern bezahlen ihren Kindern die Markensachen komplett. **– falsch**
Man trägt Marken, um unter seinesgleichen zu sein. **– richtig**
Markenkleidung ist von besserer Qualität. **– falsch**
Teenies lassen sich von der Werbung nicht beeinflussen. **– falsch**
Marken machen Werbung nur durch die Medien. **– falsch**
Stars verkaufen ihr Image für bestimmte Marken. **– richtig**
In Frankreich sind Religionssymbole in der Schule verboten. **– richtig**

Lektion 2

1 je **rencontrerais** … , je **ferais** … , je **passerais** … , je **gagnerais** …
(un travail) ne me **plairait** pas du tout … je **devrais** me lever … , … je **serais** toujours fatigué(e) et j'**aurais** du mal …

2 … qui **ne laisserait pas** son bébé pleurer et qui s'en **occuperait** bien.
… une personne qui **aurait** une voix agréable, qui **serait** ponctuelle, qui **répondrait** au téléphone et qui **parlerait** bien anglais.

3 Si je ne suis pas là d'ici 10 h, commencez sans moi.
Si on fait du camping / Si on campe, je dormirai sûrement mal.
Si tu trouvais des pièces d'or, est-ce que tu les garderais?
Si c'était un chien romain, Caro aurait déjà du succès.
Quand nous serons seuls, je te raconterai quelque chose.

4 **Si (falls)** Marek l'invite, Caroline sera contente.
Si (wenn sicher) tu continues de creuser, tu trouveras sûrement quelque chose.
Quand (sobald) j' arriverai en Belgique, je vous appellerai.
Quand (als) Marek était petit, il vivait chez sa grand-mère.
Quand (immer wenn) vous trouvez un objet, vous mettez une étiquette.
Si (wenn, fast unmöglich zu ändern) j'avais moins chaud, je travaillerais plus vite.
Quand (sobald) elle rentrera, je lui dirai tout de suite la nouvelle.

5
- A Couvin, on a découvert des pièces romaines. **Certaines** en or, **d'autres** en argent. On les a **toutes** nettoyées, mais **aucune** n'était rare.
- **Tout le monde / Chacun** voudrait faire une découverte. **Les uns** pour le plaisir, **les autres** pour la gloire. Caro n'en a fait **aucune**, sauf un squelette de chien!
- Il a participé à plusieurs stages. **Quelques-uns** en France, **d'autres** en Belgique. **Tous** étaient pour les lycéens.

6 J'aimerais avoir bientôt des vacances. – J'espère te voir là-bas. – Je rêve de devenir musicien. – Ce serait chouette / génial de passer un mois au bord de la mer. – Si seulement il appelait! – J'aimerais bien venir à ta fête, mais … – J'espère que tu vas bien. – Ce serait super si le prof de math n'était pas là aujourd'hui.

7 On pourrait faire une soirée réseau, non? – Vous n'auriez pas envie de rentrer? – Je vous propose d'aller camper ce week-end. – Ça te/vous dirait de participer à un stage de voile? – Et si on l'invitait à la fête?

8 – Moi, à ta place, je continuerais jusqu'au bac. – Si j'étais toi, je lui demanderais la permission. – Avant de partir, tu pourrais l'appeler sur son portable, non? – A ta place, je le dirais au proviseur. – Si j'étais toi, je lui prendrais un parfum.

9 Je vous enverrai mon cv. – envoyer
Il nous a répondu. – répondre
Elles accueillent les touristes. – accueillir
Je me suis aperçu de mon erreur. – apercevoir
Bon, alors, vous réfléchissez à mon offre et vous m'appelez. – réfléchir
Ça m'a plu. – plaire
Elle est devenue animatrice. – devenir
Je me permets de vous écrire. – permettre
J'ai lu votre annonce. – lire

10 Les jeunes travaillent en équipes de vingt sur un site archéologique romain. Ils passent des heures à creuser pour trouver des objets antiques. Tout à coup, Caroline trouve un premier os, puis un autre encore. Peut-être que c'est le squelette d'une femme romaine. Marek pense que c'est plutôt les restes d'un dinosaure!
Les amis de Caro sont très contents parce qu'ils ont découvert quelques pièces en argent ou en or, mais Caro n'a pas fait de découverte sensationnelle. Alors elle est frustrée et maintenant, il faut encore qu'elle range les outils. Elle commence à en avoir marre de ce chantier!

11 C'est l'argent que tu gagnes pour ton travail: un salaire.
Si tu as déjà travaillé ou si tu connais bien un domaine, tu as de l'expérience.
Ce document décrit les étapes de ta vie: le C.V.
C'est une période où on apprend un métier: un stage.
Quand on demande du travail, on pose sa candidature.
C'est la lettre qui accompagne une demande de travail: la lettre de motivation.
Ce sont toutes les choses que tu as apprises: les connaissances.
Quand on ne travaille que quelques heures ou jours par semaine, on travaille à temps partiel.
Quand tu as rendez-vous chez un directeur pour te présenter, tu passes un entretien d'embauche.

12 Je m'appelle Christian Beckmann. J'habite à Paris. Je suis né le 5 mai 1993. Actuellement, je suis en classe de seconde au lycée Théophile Gautier. Avant, je suis allé (oder j'étais) au collège Anne Frank. Jusqu'en 2004, j'ai vécu/habité à Berlin. J'ai de l'expérience professionnelle: j'ai déjà donné des cours de dessins à des enfants. J'ai aussi travaillé dans un jardin d'enfants. Je parle bien français et allemand. En 2005, j'ai participé à un échange scolaire à Bruxelles. Je suis bon (*oder:* J'ai un bon niveau) en informatique. Et je fais du dessin et du théâtre.

13 Objet: candidature au stage

Madame, Monsieur,

Suite à votre annonce que j'ai lue au tableau d'affichage de mon lycée, je me permets de poser ma candidature au stage d'archéologie que vous proposez en août, à Couvin, en Belgique.
J'ai 15 ans et je suis en classe de seconde. Après le bac, je voudrais faire des études d'archéologie. Il est donc très important pour moi d'avoir des expériences dans ce domaine.
Dans l'espoir d'une réponse positive, je vous prie, Monsieur, Madame, de croire à l'expression de mes salutations distinguées.

Stéphanie Parot

Ci-joint: un C.V.

14
1. Caroline aimerait bien participer au stage d'archéologie proposé dans l'annonce numéro 5. – richtig
2. Les équipes de M. Bourlet sont internationales. – falsch: il y a seulement des jeunes Européens.
3. Pour Caroline, le travail sur le chantier n'est pas très intéressant parce qu'elle passe beaucoup de temps à creuser et à nettoyer les objets. – richtig
4. Au début, elle est très excitée parce qu'elle pense avoir trouvé un squelette romain. – richtig
5. Dans l'entretien d'embauche Philibert «Dracula» dit qu'il a de l'expérience avec les jeunes. – falsch: il dit qu'il a de l'expérience avec les jeunes animaux.
6. Bob, l'autre candidat pour le travail d'animateur plaît beaucoup au directeur. – falsch: Non, il trouve qu'il n'est pas assez sérieux.

15 1. Je serais très contente de travailler à l'accueil d'un camping. – 2. Ça m'intéresserait énormément de rencontrer des jeunes de toute l'Europe. – 3. Tu n'aurais pas envie de nous accompagner? Ça nous ferait très plaisir. – 4. Tu pourrais aussi me demander si ça m'intéresse! – 5. Moi, à ta place, je réfléchirais bien avant de dire oui. – 6. Tu ne pourrais pas lui demander à ma place? Moi, je suis trop timide. – 7. Moi, le stage m'a bien plu et j'y retournerai l'année prochaine. – 8. Est-ce que tu as déjà travaillé? – Oui, j'ai gardé des enfants pendant les vacances.

16 *Sonia dit:* Moi, je **me verrais** bien comme **vendeuse** de chaussures. J'**adore les** chaussures! J'**en ai** de **toutes** les **couleurs** et de tous **les styles**. C'est **important**, les chaussures. Ma grand-mère **disait** toujours: C'est à la coiffure et **aux** chaussures, qu'on **reconnaît** la classe **d'une** personne.

Arnaud dit: J'aime **inventer** des histoires qui **font peur**. Par exemple, un **groupe** de jeunes dans un **vieux** château en train de faire des **recherches** archéologiques. Ils **trouveraient** des squelettes de personnes **enterrées** ici depuis **40** ou **50** ans. Et puis, **certains** d'entre eux verraient des vampires. **D'autres** entendraient des **bruits** bizarres. Ce **serait** génial! Ouais, je suis **sûr** que je **pourrais** écrire des scénarios de films **plein de** suspense!

Véronique dit: Moi, c'est clair: je **ne veux pas** travailler pendant mes vacances! Je trouve que les vacances, **c'est fait** pour s'amuser. Je **n'ai pas besoin** de gagner mon argent de poche parce que mes parents ont **les moyens** de me payer toutes les choses **dont** j'ai envie. Alors pendant le **mois d'août**, je voyage beaucoup et je **vais** chaque fois dans un **autre pays**. J'ai fait du **kajak** dans le Colorado, du **trekking** au Népal, de l'**escalade** au Kenya. Et cette année, je voudrais **traverser** le Sahara en Land-Rover.

17 Übersetzungshilfe:

Ich heiße Charlotte, bin 15, und habe soeben an einem Austausch in Deutschland mit meiner Brieffreundin/Austauschpartnerin Julia teilgenommen. Ich habe meinen Aufenthalt in Norddeutschland vom 10. Mai bis 3. August verbracht. Anschließend ist Julia mit mir zurückgekommen und wird bis zum 15. Oktober bei uns bleiben. Drei Monate lang habe ich in einer Kleinstadt von 6000 Einwohnern 50 km von Hamburg gelebt. Mit meiner Austauschpartnerin habe ich in einer anderen Stadt ca. 20 Minuten mit dem Bus entfernt die 9. Klasse besucht. Die Familie, die mich herzlich aufgenommen hat, besteht aus 6 Personen: den Eltern, die beide arbeiten, und ihren 4 Kindern im Alter zwischen 20 und 9. Es gab immer jemanden, der sich um mich gekümmert hat, der mir etwas Neues beigebracht hat oder der mir Deutschland „by night" gezeigt hat (Geburtstagsfeste, Treffen mit Freunden, Abende am Strand während der Kieler Woche ...)! Ich habe einige Kartenspiele wie „Fahrstuhl" und „Schwimmen" gelernt, und auch Gesellschaftsspiele wie „Siedler", „Jackpot", usw. Da die Älteste der Schwestern dieses Jahr das Abi gemacht hat, bin ich mit ihnen zum Abi-Ball gegangen, einem sehr bekannten, sehr chicken und sehr berühmten Ereignis (Abendkleid obligatorisch). Es war so etwas wie ein Schulabschlussball (bei uns).
In der Schule wurde ich von den Lehrern nett empfangen: sie sind alle am Anfang des Unterrichts zu mir gekommen und haben mir die Hand geschüttelt. Die Fachlehrer kamen ab und zu zu mir, um zu fragen, was ich am Wochenende gemacht hätte, ob alles gut lief, usw. Sie waren glücklich,

sobald ich das Wort ergriff oder versuchte Übungen zu machen. Die Schule in Deutschland ist ganz anders als in Frankreich, weil sie (die Schüler) nur vormittags in der Schule sind und den Nachmittag frei haben. Dafür haben sie nur einen Monat Ferien! Auch die Lehrer sind viel cooler in Deutschland; sie geben (uns) viel Freiheit. Einige haben uns Eis oder Chips spendiert, während wir DVD angeschaut haben. Ich fand es sehr überraschend, vor allem weil es nicht mal am Schuljahresende passierte!! Daher bereue ich diesen Deutschland-Aufenthalt überhaupt nicht. Ich habe dort keine Schwierigkeiten gehabt. Ich gebe offen zu, dass ich hin und wieder Heimweh gehabt habe, aber es kam selten vor, weil ich mich in der Familie wohl fühlte und weil ich durch das Internet mit Frankreich in Kontakt blieb.
Es war eine wunderbare Erfahrung, die mir sowohl an privaten Beziehungen wie auch in sprachlicher Hinsicht viel gebracht hat. In der Tat musste man bei meiner Ankunft mit mir sehr langsam sprechen, und manchmal (die Sachen) öfter wiederholen, damit ich alles verstehe, aber schon nach einigen Wochen konnte ich das Gespräch zwischen zwei Deutschen verfolgen und mich problemlos verständlich machen. Obwohl ich heute noch Grammatikfehler mache, habe ich einen großen Wortschatz erworben um mich auszudrücken.

Wie lange ist Charlotte in Deutschland geblieben? **Pendant trois mois.**
Wo ist sie während dieser Zeit zu Schule gegangen? **Dans une autre ville située à environ 20 minutes en bus.**
Welche Unterschiede zwischen der deutschen und der französischen Schule stellt sie fest? **En Allemagne, les élèves ne travaillent que le matin et ont leur après-midi libre. Ils n'ont qu'un mois de vacances. Les professeurs sont aussi beaucoup plus «cool» et laissent de grandes libertés aux élèves.**
Was hat sie in der Schule am meisten überrascht / beeindruckt? **Le fait que certains profs offraient des glaces ou des chips (simplement) pour regarder des DVD. Et ça, même en milieu d'année.**
Woran sieht man, dass die deutschen Lehrer sich gut um sie kümmern? **Ils venaient la voir de temps en temps pour savoir ce qu'elle avait fait le week-end et si tout se passait bien.**
Wieso war es ein Vorteil, in einer Großfamilie zu leben? **Parce que comme ça, il y avait toujours quelqu'un pour s'occuper d'elle, pour lui apprendre quelque chose de nouveau ou pour lui faire découvrir l'Allemagne le soir.**
An welchen Gesellschaftsereignissen hat sie teilgenommen? **A des anniversaires, des rencontres avec des amis, des soirées sur la plage durant la «Kieler Woche».**
Welche Sprachschwierigkeiten hatte sie am Anfang? **Au début, il fallait lui parler très doucement pour qu'elle comprenne et parfois répéter plusieurs fois.**

Welche Fortschritte hat sie inzwischen im Deutschen gemacht? **Au bout de quelques semaines elle pouvait suivre une conversation entre deux Allemands, et elle était capable de se faire comprendre sans problème.**

Lektion 3

1 De Bari, **en Italie**. – De Valka, **en Lettonie**. – D'Almada, **au Portugal**. – De Dinan, **en France**. – De Linares, **en Espagne**. – D'Eleusis, **en Grèce**. – D'Aix-la-Chapelle, **en Allemagne**. – De Kampen, **aux Pays-Bas**.

2 11.50 Rome, L'avion arrive **d'Italie**. – 11.53 Amsterdam, **des Pays-Bas**. – 11.56 Paris, **de France**. – 11.57 Copenhague, **du Danemark**. – 12.00 Athènes, **de Grèce**. – 12.05 Francfort, **d'Allemagne**.

3 Stella y rencontre Jens: **au Parlement, à Strasbourg**. – Jens y est déjà allé avec sa classe: **en Italie**. – Mara et Zé s'y sont promenés: **dans les vieux quartiers de Strasbourg**. – On y trouve 12 étoiles: **sur le drapeau européen**. – La mère de Jens y est née: **au Danemark, à Copenhague**.

4 Oui, j'y crois. / Non, je n'y crois pas.
Oui, j'y suis né(e). / Non, je n'y suis pas né(e).
Oui, j' aime y jouer. / Non, je n'aime pas y jouer.
Oui, je m'y intéresse. / Non, je ne m'y intéresse pas.
Oui, j'y suis déjà allé(e). / Non, je n'y suis jamais allé(e).

5 Ils en sortent. – Ils en sont revenus très contents. – Ils en sont sortis depuis cinq minutes. – Nous en sommes revenus.

6
- Jens vient de donner rendez-vous à Stella. Stella est en train de se faire belle pour sortir. Jens et Stella vont se retrouver dans un bistro.
- Anna vient de se lever. Elle est en train de préparer le petit déjeuner. Elle va réveiller son copain.
- Les jeunes d'Euroscola viennent d'entrer dans le Parlement. Ils sont en train de faire des photos. Ils vont discuter tous ensemble.
- Toi, tu viens d'ouvrir ton Training de français. Tu es train de faire des exercices. Tu vas être fatigué(e)!

7 Mara et Pedro **vont** visiter la cathédrale. – En 2003, Sabrina **a commencé à** apprendre le français. – Le journaliste d'Arte **vient de** poser des questions aux jeunes. – Jens **est en train de** présenter son lycée devant tout le monde. – Le mois dernier, j'ai arrêté d'envoyer des SMS. – A la 5e question, l'Eurogame a commencé à devenir difficile.

8 Elle pense être la plus belle. – On souhaite / Nous souhaitons gagner le 1e prix. – J'espère ne pas être nerveux/se. – Il croit pouvoir faire la présentation sans problèmes. – Elle entend les enfants jouer. – Je voudrais parler au directeur. – On espère / Nous espérons vous voir bientôt.

9 Elle espère travailler pendant les vacances. – Je suis habitué(e) à me lever tôt. – Où est-ce que tu as appris à nager? – Il pense arriver vers 8h. – Ils ont entendu quelqu'un crier «Au secours!». – Je crois avoir la solution du problème. – On va bientôt commencer à jouer. – Je n'aime pas faire des traductions. – Ils désirent trouver un job d'été. – La prof a aidé les élèves à préparer l'exposé.

10 La Tour de Pise est un monument italien. – La paella est une spécialité espagnole. – Le Time est un journal anglais. – Les croissant et les baguettes sont des produits français. – L'Edam est un fromage hollandais. – La Crète est une île grecque. – Arte est un programme franco-allemand.

11 discuter d'un sujet: über ein Thema diskutieren; compléter: ergänzen; décrire: beschreiben; présenter un thème: ein Thema präsentieren; répondre à une question: eine Frage beantworten; mener la discussion: die Diskussion / die Runde führen; expliquer: erklären; poser une question: eine Frage stellen; traduire en français: ins Französische übersetzen; échanger des points de vue: Meinungen/Ansichten austauschen.

12 Jens a choisi le français comme langue étrangère. – Il parle français sans accent. – Les limites d'un pays s'appellent les frontières. – Stella dit qu'il faut encore un visa pour traverser la Croatie. – Chaque pays est représenté par un drapeau de différentes couleurs. – Celui de l'Europe a 12 étoiles. – Les habitants des pays européens peuvent se rencontrer grâce aux jumelages. – Si on ne parle pas la langue d'un pays, on a besoin d'un(e) interprète. – Cette personne te donne la traduction des mots dans ta langue maternelle.

13 Europa Direkt est une association qui organise des rencontres et des séjours linguistiques pour des jeunes de plusieurs nationalités. Une bonne occasion de mieux connaître nos partenaires européens.

14 Est-ce que vous pourriez parler un peu moins vite, s'il vous plaît?
Tu pourrais répéter ta question, s'il te plaît?
Comment (est-ce qu')on dit «Erinnerung» en français?
Je regrette mais je ne comprends pas bien / je ne parle pas bien le français!

Est-ce que tu pourrais m'expliquer ça encore une fois, s'il te plaît?
Ça s'écrit comment?
Qu'est-ce que ça veut dire «jumelage»?

15

1. Jens n'a pas peur de parler devant 500 personnes. – **richtig**
2. Le journaliste d'Arte dit que les Français continuent à ne pas apprendre d'autres langues. – **falsch:** il dit que maintenant les choses changent.
3. Les questions de l'Eurogame sont toutes en allemand. – **falsch:** les questions sont posées en douze langues différentes.
4. Le journaliste dit que le plus important aujourd'hui, c'est de parler anglais. – **falsch:** il dit que nous avons tous besoin de parler plusieurs langues étrangères et pas seulement l'anglais.
5. Pour répondre aux question de l'Eurogame, il faut bien connaître les autres cultures européennes. – **richtig**
6. Stella est contente parce que c'est son équipe qui est en train de mener le jeu au moment de l'interview. – **richtig**

16

1. Je n'ai pas bien compris ce que tu as dit: tu peux répéter, s'il te plaît? – 2. Les thèmes présentés étaient très intéressants mais pas toujours faciles à comprendre. – 3. Notre groupe s'occupe des problèmes de l'environnement. Nous en avons beaucoup discuté avec les autres jeunes. – 4. Aujourd'hui tout le monde parle en anglais. Alors c'est mieux si on sait parler d'autres langues internationales. – 5. J'ai eu un moment de panique quand je me suis aperçue que je ne connaissais pas la réponse. – 6. Mais finalement, je me suis débrouillé et j'ai pu répondre à toutes les questions. – 7. Excuse-moi, mais vraiment je ne vois pas ce que tu veux dire: tu pourrais m'expliquer ça encore une fois?

17

J'ai **tout de suite** adoré cet appartement et j'ai tout fait pour que les autres **m'acceptent** dans leur groupe. Mais ce n'était pas très facile parce qu'ils m'ont fait passer un véritable **examen**. Ils m'ont posé **des questions débiles** comme: «Quelle est ta **couleur** préférée?» ou «Comment est-ce que tu imagines ta vie **dans cinq ans**?» Je n'en avais **aucune idée** mais j'ai joué le jeu pour **leur** faire **plaisir**. Pour eux, le plus grand problème, **c'est que** j'étais Français. Ce n'est pas qu'**ils détestent** les Français, mais ils trouvaient que ça faisait beaucoup **de mélanges** dans le groupe. Ils **avaient déjà** un Italien, **un Allemand**, un Danois, **une Anglaise** et une Espagnole.

18

Übersetzungshilfe:

Die Franzosen aus der Sicht der anderen Europäer

Eine bei den Engländern vor kurzem geführte Untersuchung hat ihre „Urfeinde", die Franzosen, sehr überrascht. Denn 22 % der Engländer haben zugegeben, dass sie gerne in Frankreich geboren wären. Stattdessen

kommen sie gerne dorthin, entweder um zu arbeiten, oder um dort ihre Ferien und sogar ihren Ruhestand zu verbringen. Anscheinend haben die Engländer die alten Querelen und Vorurteile vergessen, deren zufolge die Franzosen schmutzig, arrogant, kompliziert und desorganisiert wären. Aber wie lässt sich dann diese radikale Mentalitätsänderung erklären? Gemäß dem Chefredakteur der Zeitschrift „France“ komme diese Veränderung von der Tatsache, dass die Engländer inzwischen bessere Kenntnisse von Frankreich und von den Franzosen haben. Und was denken die anderen Europäer über Frankreich? Überwiegend sind sie alle einig, wenn es darum geht, das Klima, die verschiedenen Landschaften, das Kulturerbe und die Gastronomie zu loben. Die Deutschen haben sogar den Ausdruck „leben wie Gott in Frankreich“, um diesen positiven Eindruck zu bezeichnen. Ja, ja, Frankreich wäre (schon) das Lieblingsland der Deutschen, wenn es bloß nicht alle diese Franzosen (dort) gäbe! In ihren Augen sind die Franzosen chaotisch, überschwänglich und undiszipliniert. Die Niederländer bringen mehr Nuancen in ihrem Urteil: sie finden die Franzosen höflich aber auch impulsiv und emotional.
Weiter im Norden schätzen die Norweger, Polen und Dänen die Franzosen (Gallier) als große Schwätzer ein, sehr ungeduldig und immer in Eile. Auf der anderen Seite geben sie weitgehend zu, dass die Franzosen sie warmherzig empfangen haben und dass sie immer bereit sind, einem zu helfen (notfalls mit falschen Informationen!).
Zeigen sich die Italiener und Spanier nachsichtiger ihren Nachbarn gegenüber? Nicht wirklich. Sie werfen ihnen vor, zu nationalistisch zu sein, keine Fremdsprache zu sprechen, niemals Zeit zu haben und unhöflich zu Fremden zu sein. Zum Glück gibt es die Belgier, um dieses Bild zu retten! Zwar kritisieren sie unsere unordentliche Seite, unseren chauvinistischen Stolz, unsere zahlreichen Streiks, aber trotzdem finden sie uns sympatisch. Sie sind nett, die Belgier, während wir, Franzosen, niemals eine Gelegenheit verpassen, uns über sie lustig zu machen, wie die vielen belgischen* Witze, die im Lande kursieren, es beweisen.

*Die belgischen Witze entsprechen denen über die Ostfriesen.

a) période où on ne travaille pas: **les vacances**; période où on ne travaille plus: **la retraite**; période où on arrête de travailler pour protester: **la grève**

«dire des choses positives sur quelqu'un / quelque chose»: **vanter**
«clichés, pensées négatives»: **un préjugé**
satisfaction personnelle: **la fierté**

parler et bouger beaucoup: **(être) exubérant**
ne pas avoir le temps: **(être) pressé**
positif: **(être) favorable**

ne pas réfléchir avant de faire quelque chose: (être) impulsif
parler beaucoup/trop: (être) bavard
ne pas être propre, hygiènique: (être) sale
ne pas aimer attendre: (être) impatient
se montrer tolérant avec les fautes: (être) indulgent
ne pas avoir de bonnes manières: (être) impoli
aimer trop son pays: (être) nationaliste, chauvin

b) – Les Français et les Britanniques ne s'aiment pas depuis des siècles. (Ils sont) des «ennemis héréditaires».
- Les Anglais ne pensent plus comme avant: ils ont oublié les vieilles querelles et les vieux préjugés. (Il y a) un changement radical de mentalité.
- Comme les Britaniques ne sont pas nés en France, ils viennent souvent ici en vacances: Faute de quoi, ils y viennent volontiers pour y passer leurs vacances.
- Les Britanniques sont aujourd'hui mieux informés sur la France: les Anglo-Saxons ont maintenant une meilleure connaissance de la France et des Français.
- C'est à cause de cela que la France n'est pas idéale pour les Allemands: parce qu'il y a tous ces Français qui vivent en France!
- Les Italiens et les Espagnols ont des critiques contre les Français: ils leur reprochent d'être trop nationalistes, de ne pas parler une autre langue que le français ...
- Les Français aiment aider les gens qui ont besoin d'informations et pour ça, ils racontent toujours quelque chose même s'ils ne savent pas exactement: ils sont toujours prêts à aider (quitte à donner de fausses informations!)
- Par chance, après toutes ces critiques, un pays a une opinion positive des Français: Heureusement qu'il y a les Belges pour sauver ce tableau!

Plattform 1 (Lektion 1–3)

1 les langues: linguistique; le sport: sportif; la perfection: parfait; la magie: magique; la politesse: poli; la longueur: long; l'Europe: européen; la ponctualité: ponctuel; la culture: culturel; la psychologie: psychologique; l'école: scolaire; la musique: musical; le tourisme: touristique; Rome: romain; tous les pays du monde: international/mondial; le monde du travail: professionnel.

2 Quand est-ce qu'on peut participer au stage? Du 1er au 14 août.
Où est-ce qu'il se passe exactement? A Couvin, en Belgique.
Combien de temps est-ce qu'il dure? Il dure 9 jours.
Il coûte combien? 250 € par personne, tout compris.
Il y a combien de personnes par équipe? Il y a 20 jeunes par équipe.
D'où viennent les participants? De toute l'Europe.
Ils ont quel âge? (nicht direkt erwähnt:) Ce sont surtout des lycéens.
Comment est-ce qu'on est logé? Vous faites du camping.
A quelle heure on commence (le travail) le matin? On commence à 9h.
Qu'est-ce que les jeunes font là-bas? Ils creusent, ils cherchent des objets anciens, ils les nettoient et leur mettent des étiquettes. Certains les dessinent puis on envoie les meilleurs objets au musée.
Qu'est-ce qu'on peut y trouver? Avec un peu de chance, vous pouvez trouver des pièces romaines et peut-être même des squelettes.
Comment est-ce que je peux poser ma candidature? Vous nous envoyez une petite lettre de motivation.

3 Les vêtements: une chemise, un pantalon, une jupe, une robe, une veste …
La recherche de travail: le C.V., la lettre de motivation, la candidature, l'entretien d'embauche, les annonces …
Les professions: mécanicien, policier, dessinateur, animateur …
Les animaux: un oiseau, un chien, un chat, une araignée …
Les pays: la Belgique, la Grèce, l'Allemagne, le Portugal …

4 Si seulement j'étais plus grand! Les filles me regarderaient.
Si seulement je pouvais dormir!
Si seulement on habitait à la campagne! Je ne m'ennuierais pas.
Si seulement ma mère m'écoutait!
Si seulement j'avais un frère!

5 1./g) Si tu connaissais Sandra, tu comprendrais ce que je veux dire. – 2./d) Si je participe au stage à Nîmes, je ferai des progrès en français. – 3./f) Si on lui demandait, il accepterait sûrement de nous aider. – 4./a) Si vous êtes fatigués, faites une pause. – 5./c) Si j'étais Dracula, j'habiterais dans un château. – 6./b) Si tu veux plaire aux filles, tu devras t'habiller plus branché. – 7./e) Si vous avez besoin d'aide, vous pourrez m'appeler.

6 Si j'avais de l'argent, je ne travaillerais pas pendant les vacances.
Quand tu le verras, tu comprendras pourquoi je suis amoureuse.
Si seulement il faisait moins chaud!
Si tu vas dans une famille française, n'oublie pas d'apporter des fleurs.
Si vous pouviez répéter ça, ce serait très gentil.

7 J'espère que tout **va** (*oder:* **ira**) bien.
Mes parents voudraient que je **prenne** des cours d'anglais.
Moi, je ne crois pas que ce **soit** nécessaire.
Elle propose que nous **passions** chez elle.
Tu crois que je **peux** faire ce job?
J'espère qu'on **se verra** cet été.
Je trouve que tu **dors** trop.

8 Les filles de mon lycée ne sont pas **toutes** d'accord pour la manif. **Les unes** la trouvent inutile, **les autres** ont peur des conséquences. Et **quelques-unes** préfèrent venir en classe. **Tous** les élèves ne sont pas intéressés par la mode. J'en connais **certains** qui s'en moquent complètement. Et **d'autres** qui mettent ce qu'ils aiment.

9 Comment on dit „Bewerbung" en français?
Ça me ferait très plaisir!
Comment est-ce que je traduis/dis „Du wirst nie darauf kommen"?
Tu pourrais nous aider?
Ça va trop vite pour moi: je ne parle pas français.
J'ai besoin de quelques minutes encore.

10 Stéphanie **y** a découvert des pièces. – Jens **en** a parlé devant 500 personnes. Les élèves s'**en** moquent souvent. – Le proviseur **y** a convoqué Max. – Les amis de Caroline ont trouvé des objets intéressants mais elle n'**en** a trouvé aucun. – Maintenant Caroline ne s'**y** intéresse plus. – Ils veulent **y** participer pendant les grandes vacances.

11 Pendant les vacances, **toute (TUT)** ma famille se retrouve chez une de mes quatre sœurs. C'est elle qui organise **tout (TU)** avant notre arrivée, mais après, nous participons **tous (TUS)** à la préparation des repas. C'est l'occasion de revoir **tous (TU)** les membres de la famille et nous sommes **tous (TUS)** très contents d'être ensemble. On parle de **tout (TU)**, on se raconte **tout (TU)** ce qui s'est passé dans l'année. Et **toute (TUT)** la journée, les enfants jouent **tous (TUS)** ensemble dans la piscine ou devant l'ordinateur. Et **tous (TU)** les soirs, **toutes (TUT)** les filles de la famille regardent le ciel pour voir des étoiles filantes Et nous faisons **toutes (TUT)** des souhaits quand une étoile passe.

12 Je suis triste **de ne pas pouvoir** partir avec vous. – Elle craint **de faire** une erreur. – Les élèves **souhaitent que Max revienne**. – Le proviseur exige **qu'on vienne** tous. – Je regrette **de ne pas tout comprendre**. – Notre prof souhaite **que nous soyons** les meilleurs.

13 Elle pense **prendre des** vacances. – Ils passent leur temps **à jouer**. – Mon frère a arrêté **d'étudier le grec**. – Elle adore **faire du sport**. – Je me suis habituée **à travailler en équipe**. – Jens commence **à présenter son lycée**. – Il a appris **à chanter**.

14 La fête des enfants: **Noël**; Le compagnon fidèle de l'homme: **le chien**; L'inventeur de la première machine à calculer: **Pascal**; Le roi de la jungle: **le lion**; Le petit Gaulois aux grandes moustaches: **Astérix**; Le dernier homme préhistorique du 21e siècle: **Ötzi**; Le tricolore: **le drapeau français**; Le héros du roman «Paris au XXe siècle»: **Michel**.

16 Übersetzungsvorschlag:

On dit (affirme) souvent que l'uniforme à l'école est (serait) une bonne chose parce qu'il n'y aurait plus cette mentalité avec les vêtements (fringues) de marque. Pour l'instant (Actuellement), dans les écoles allemandes, c'est plutôt comme ça qu'on est seulement accepté si on est comme les autres, c'est-à-dire si on porte les mêmes vêtements (fringues) de marque. Mais malheureusement certains parents n'ont pas les moyens d'acheter ces vêtements de marque. Alors on reconnaît tout de suite les enfants de familles «pauvres» et on se moque d'eux. En Angleterre, la plupart des élèves portent l'uniforme. Est-ce qu'ils ont alors les mêmes chances à l'école? On ne doit pas oublier qu'il faut aussi acheter les uniformes et ça, presque chaque année car à notre âge, le corps change très vite. Finalement ça signifie dépenser encore beaucoup d'argent pour les vêtements. Et on ne peut pas acheter un uniforme partout: Il y a des magasins spéciaux pour ça dans lesquels on trouve aussi bien des modèles chers, de haute couture, que des versions bon marché. Et croyez-moi: on voit clairement la différence! C'est pourquoi malgré l'uniforme, les enfants anglais qui n'ont pas des fringues branchées n'ont vraiment aucune chance d'être intégrés. Et puis, l'idée de porter toujours la même chose pendant 10 ou 12 ans ne me plaît pas beaucoup. En tout cas, si on ne se moque pas de moi à l'école à cause de mes vêtements, on va se moquer de moi à cause de mes chaussures, de ma coiffure ou bien de mes crayons …

17 Fotoalbum:

1re photo: Sur cette photo, on voit des lycéens en train de faire une manif contre le trafic d'étiquettes. Ce sont des copains de lycée de Max. Ils ont organisé cette manif pour que Max revienne au lycée.

2e photo: Sur cette 2e photo, on voit Lucas dans sa chambre. Il est assis devant son bureau. Il est en train de rêver de Marine. Il est triste parce que Marine se moque toujours de lui. Elle ne s'intéresse qu'aux garçons qui portent des fringues branchées. C'est pourquoi Lucas commence à acheter des étiquettes.

3e photo: Sur cette image, il y a une famille dans une voiture. On voit le père, la mère, la fille, la grand-mère et un chien. Derrière, il y a beaucoup de bagages/valises/sacs. On comprend que la famille part en vacances. La fille n'est pas contente parce que le chien de sa grand-mère la dérange.

4e photo: Ici, on voit Caroline, Marek et M. Bourlet sous une tente. Derrière eux, il y a une grande table peut-être avec des os. Caroline regarde M.Bourlet avec surprise. Ils sont à Couvin, sur le site archéologique. Caro a creusé pendant des heures et a trouvé plusieurs os. Elle pense qu'elle a fait une grande découverte, mais M. Bourlet lui dit qu'il s'agit d'un squelette de chien et même pas très vieux. Caro est très déçue.

5e photo: Là, on voit Philibert «Dracula». Il a dessiné des choses sur son visage et il a partout du piercing. Il porte des vêtements noirs. Il se présente pour le job/poste d'animateur de colo. Mais le directeur le trouve trop bizarre et ne le prend pas.

Lektion 4

1 **Un appel sur trois** est pour ma sœur. – Elle téléphone **en moyenne** trois heures par jour. – Les chaussures pour hommes sont au **cinquième étage**. – **Un quart** de mes copains habite dans mon quartier. – Tu as mangé **la moitié** du gâteau. – **Une année sur deux** je vais chez mes grands-parents. – **La plupart des gens** voudraient avoir une maison. – Il s'ennuie **les trois quarts** du temps. – **Un élève sur trois** a un portable.

2 **1./b)** Si Samuel **avait** moins mal, il **dirait** tout à sa mère. – **2./d)** Si Max et sa bande ne l'**attendaient** pas, Samuel **accepterait** l'invitation de Vanessa. **3./e)** Si sa mère **était** plus souvent là, elle **verrait** que son fils a de gros problèmes. – **4./a)** Si Vanessa **connaîssait** son problème, elle **serait** aussi en danger. – **5./c)** Si ses parents **prenaient** le temps de l'écouter, ils **comprendraient** que la situation est grave.

3 S'il **habitait** à la campagne, il aurait une autre vie. – Si sa mère **avait** le temps de l'écouter, il lui raconterait ses malheurs. – S'il **voyait** son père plus souvent, il serait plus heureux. – S'il **demandait** à Vanessa de l'aider, elle le ferait. – S'il n'**avait** pas tous ces problèmes, il sortirait avec Vanessa. – Si sa mère n'**était** pas médecin, elle aurait du temps pour lui.

4 Samuel demande à Max et à sa bande de prendre son portable, mais d'arrêter. – Elle lui promet de revenir le voir le lendemain. – Vanessa propose à Samuel de faire leurs devoirs ensemble. – Sa mère lui conseille d'oublier ses rêves d'artiste. – Samuel prétend qu'il a des courses à faire. – Samuel annonce/dit à Max que c'est vraiment la dernière fois. – Elle lui conseille de ne pas s'en faire.

5 Max et sa bande **ont attendu** Samuel à la sortie du lycée. Samuel a eu peur quand il **a entendu** la bande arriver. Mais d'abord, il **a prétendu** ne pas avoir peur d'eux. Sa mère lui **a défendu** de prendre des médicaments de sa pharmacie. Quand Max l'a menacé, Samuel lui **a répondu**: «Ça m'est égal.» Quand les autres l'ont attaqué, Samuel **s'est défendu** mais ils étaient trois contre un. Plus tard, sa mère lui **a rendu** visite à l'hôpital. Finalement, elle **s'est rendu compte** que son fils était malheureux.

6 **parties du corps:** le nez, le dos, la bouche, les yeux, le visage, la figure, le sang
domaine médical: médecin, soigner, médicaments, pharmacie, drogues, hôpital
violence: casser la figure, le nez cassé, les menaces, une bande, racketter, la victime, la violence
réactions / activités physiques: bouger, tomber dans les pommes, avoir mal, se réveiller, s'endormir, pleurer, le sang coulait

7 1. **D'abord** ma mère n'a jamais le temps pour moi. – 2. **Et puis** mon père n'est jamais là. – 3. **Ensuite** Max et sa bande me menacent. – 4. **En plus** je ne peux rien dire à Vanessa. – 5. **Finalement** j'en ai marre de cette ville grise. – 6. **Enfin** je suis à l'hôpital avec un nez cassé.

8 Dans un musée, on regarde des **tableaux**. – Un artiste peintre travaille dans un **atelier**. – L'artiste utilise une palette et des **pinceaux**. – Le **peintre** en bâtiment, lui, utilise plutôt des **rouleaux**. – Passe-moi la **bombe** de peinture: j'ai une idée pour un tag! – Je vais changer la **couleur** de ma chambre. Je vais la **peindre** en rouge! – Certains pensent que les tags et les **graffiti** sont une forme d'**art** moderne.

9 La mère travaille pendant que son fils meurt de peur et d'ennui: **Dauer** – Elle court tout le temps: **Häufigkeit** – Elle a même ouvert la bouche environ 30 secondes: **Dauer** – Elle lui dit qu'ils en parleront plus tard: **bestimmter Moment** – Vanessa l'appelle un jour sur deux. Lui, un peu moins: **Häufigkeit** – Il avait peur depuis des semaines: **Dauer** – Ils sont capables de racketter encore longtemps: **Dauer** – Ce jour-là, sa vie a changé: **Datum, bestimmter Moment** – Le lendemain, sa mère lui a rendu visite.: **bestimmter Moment**

10 **1./e)** Il se paye notre tête: il se moque de nous. – **2./f)** Il frime devant Max et sa bande: il bluffe, il joue le courageux. – **3./g)** Il en a marre de tout: il en a assez de cette vie. – **4./a)** Il a plein de choses à dire: il a beaucoup de choses à raconter. – **5./h)** Il leur file des drogues: il leur donne des médicaments. – **6./b)** Il tombe dans les pommes: il perd connaissance. – **7./d)** Il ne s'en fait pas: il ne se fait pas de soucis. – **8./c)** Il lui casse la figure: il le bat, il le frappe.

11 Une copine doit passer des examens médicaux: **«Ne t'en fais pas.»** – Quelqu'un s'excuse devant toi: **«Ce n'est pas grave.»** – Un ami te raconte pourquoi il a peur: **«Je vois.»** – On t'appelle pour venir à table: **«Tout de suite!»** – On te demande de parler devant 200 personnes. Ce n'est pas ton truc: **«Ah non, surtout pas!»** – On te propose un truc idiot: **«Ça va pas, non?»** – Un copain a besoin de ton aide: **«Tu peux compter sur moi.»**

12

1. Samuel n'aime pas du tout l'endroit où il vit actuellement. **– richtig**
2. Sa mère s'occupe bien de lui et son père prend le temps de l'écouter. **– falsch:** Sa mère n'a jamais le temps de s'occuper de lui parce qu'elle travaille beaucoup et il ne voit pas souvent son père.
3. Sa mère trouve bien que Samuel devienne artiste peintre. **– falsch:** Elle lui dit de ne pas rêver.
4. Vanessa est une amie sûre sur laquelle Samuel peut compter. **– richtig**
5. Vanessa comprend que Samuel ne lui a pas dit la vérité. **– richtig**
6. La mère de Samuel lui donne des médicaments pour que Max et sa bande le laisse tranquille. **– falsch:** Samuel doit voler les médicaments dans la pharmacie de sa mère.

13 1. Tu sais quoi? J'ai décidé de devenir artiste peintre. Je suis bon en dessin alors ça devrait être facile. – 2. Je ne me sens pas bien en ce moment: j'en ai marre de tout! – 3. J'ai une grande nouvelle à t'annoncer: on va déménager et aller habiter dans le Midi. – 4. Vanessa est une bonne copine. J'ai vraiment confiance en elle. Mais je ne veux pas la mêler à mes histoires. – 5. C'est terrible d'avoir peur tout le temps. Tu as l'impression d'être dans un gouffre sans fin. – 6. Cette nuit, j'ai très mal dormi. Je me suis réveillée plusieurs fois. Et chaque fois, j'ai mis longtemps à me rendormir.

14 **La semaine dernière**, je suis tombée de mon VTT. Pendant un bon moment, je n'**ai pas pu bouger**. J'avais **mal** de partout, mais **surtout** à la jambe. Et quand j'ai vu le **sang couler**, je **suis tombée** dans les pommes. C'est un copain qui **m'a trouvée** par terre sur la route. Comme il savait que ma mère **était médecin**, il a cherché **son numéro** sur mon portable et l'a appelée. Et quand elle est **enfin** arrivée et **qu'elle** a vu que ce n'était pas **grave**, elle **a commencé à** m'engueuler. «Tu roules toujours **comme une folle**! Heureusement que tu avais ton casque sinon tu **serais** sûrement **morte** maintenant!»

15 Übersetzungshilfe:

Eine Note für das Verhalten in der Schule

Seit ungefähr 10 Jahren hat die Gewalt in der Schule stark zugenommen. Laut einer 2006 erschienenen Studie hat das Schul- und Hochschulwesen im Jahr 2005 mehr als 80 000 schwere Gewalttätigkeiten im Schulumfeld registriert. Diese beunruhigenden Zahlen zwingen die französische Gesellschaft, sich über den Ursprung dieses Phänomens Fragen zu stellen. Warum zeigen sich sogar Zwölfjährige so aggressiv, sobald sie ins Collège kommen? Gemäß der Experten liegt es daran, dass die Gewalt auch überall außerhalb der Schule vorkommt: in den Vierteln, in den Vororten, aber auch in den Familien. Und sie ist gegen jede Form von Autorität gerichtet: gegen Eltern, Polizisten, Lehrer und im Allgemeinen gegen alle, die eine Uniform tragen, aber auch gegen öffentliche Gebäude und Verkehrsmittel, mit einer deutlichen Häufigkeit in den Großstädten. Die Gründe dieser Gewaltsteigerung sind zahlreich, aber sie basieren oft auf den sozialen Ungleichheiten, auf der immer größeren Diskrepanz zwischen denjenigen, die Geld haben und denjenigen, die nichts haben. Parallel dazu werden die Medien beschuldigt, aggressive Verhaltensformen zu verherrlichen. Man denkt noch heute an den Fall Zidanes während der Fußballweltmeisterschaft. Er hatte einen italienischen Spieler geschlagen, aber statt dieses schlechte Beispiel für die Jugend zu verurteilen, haben die Medien ihm alle möglichen Entschuldigungen gefunden. Die aktuelle Gesellschaft bewundert die „Kämpfernaturen" (battant = wortwörtlich: schlagend), das Wort selbst ist mit Aggressivität geladen. Daher ist die Arbeit der Lehrer schwieriger geworden mit Jugendlichen, die sich unhöflich, wenn nicht sogar beleidigend ihnen gegenüber und aggressiv gegenüber ihrer Schulkameraden zeigen. Strafen und Disziplinarmaßnahmen bringen keine spürbaren Veränderungen und verhindern nicht, dass die betroffenen Schüler versetzt werden. Bei dem Versuch die Situation in den Collèges zu verbessern, wurde seit dem Schulbeginn 2006 eine Zusatznote eingefügt, die das Schulverhalten bewerten wird. Das Ziel: die Schüler zum Respekt und zur Selbstverantwortung zu erziehen. Diese Note wirkt sich auf die Durchschnittsnote aus und kann schwere Folgen für das Bestehen der Prüfung des Collège-Abschlusses haben. Sie berücksichtigt die regelmäßige Unterrichtsteilnahme, das Verhalten in der Klasse, die aktive Mitwirkung am Schulleben (Klassensprecher, kulturelle oder sportliche Veranstaltungen ...) und das Verhalten gegenüber der Gemeinschaft (karitative Arbeit, Umweltschutz ...).

Anfang der Gewaltsteigerung in der Schule: **depuis une dizaine d'années.**
Anzahl der „letzten" schweren körperlichen Delikte: **80 000.**
Reaktion der Franzosen vor dieser Zahl: **se poser des questions sur l'origine de ce phénomène.**
Andere Orte, wo Gewalt herrscht: **partout à l'extérieur de l'école: dans les quartiers, les banlieues mais aussi dans les familles.**
Gegen wen und was sie gerichtet ist: **contre les parents, les policiers, les professeurs et, en général, contre tous ceux qui portent un uniforme.**
1. Hauptgrund der Gewalt: **les inégalités sociales.**
2. Hauptgrund der Gewalt: **les médias glorifient les manifestations agressives.**
Reaktion der Medien auf Zidanes Verhalten: **Ils lui ont trouvé toutes sortes d'excuses.**
Bezeichnung für eine Kämpfernatur: **un(e) battant(e).**
Häufiges Verhalten der heutigen Schüler: **impolis, voire injurieux et agressifs.**
Folgen von Strafen und Sanktionen in der Schule: **Elles n'ont pas de changements notables et n'empêchent pas les élèves concernés de passer en classe supérieure.**
Neue disziplinarische Maßnahme seit 2006: **une note supplémentaire, basée sur 20, pour évaluer le comportement des collégiens.**
Ziel dieser Maßnahme: **éduquer les élèves au respect et à la responsabilité personnelle.**
Name der Schlussprüfung in „collèges": **le brevet.**
Außerschulische benotete Tätigkeiten: **travail caritatif, protection de l'environnement**.

Lektion 5

1 **Aucun** bateau **n'**a quitté le port ce matin. – Je **n'**ai rencontré **personne.** – On **n'en** a vu **aucun.** – **Rien n'**était naturel dans ce parc. – Je **n'en** ai pratiqué **aucun.** – **Aucune** des personnes de mon groupe **n'**a observé les oiseaux. – On **n'**a **rien** acheté. – **Personne n'**a parlé allemand avec nous.

2 Non, elle **n'**a dansé avec **personne.** – Non, **rien ne** s'est passé normalement. – Non, **personne n'**a laissé de message pour vous/toi. – Non, je **n'**ai envoyé de cartes postales à **personne.** – Non, nous **n'**en avons vu **aucun.**

3 Les Amérindiens vivaient ici avant l'arrivée des colons. – Elle a vécu 5 ans au Canada. – Je suis mort(e) / meurs de faim! – 30 000 personnes ont été mortes après l'éruption du volcan. – Mes parents vivent à Cologne. – On vivrait mieux à la campagne. – La fête du carnaval a été née il y a longtemps. – Il faudrait que tu vives 6 mois en France.

4 C'était génial: il suffisait de mettre la tête sous l'eau pour voir des poissons. – Nous interrompons notre programme pour annoncer … – Mes connaissances de français suffisent pour que je me débrouille. – Les voleurs ont fui avec tout mon argent. – Mon grand-père n'aimait pas les problèmes: il fuyait devant les difficultés. – Malgré l'arrivée du cyclone, les surfeurs n'ont pas interrompu leur sortie en mer. – Moi, si le cyclone arrivait, je fuirais. – Elle a interrompu ses études.

5 Je vais m'en aller dans deux minutes. – Il s'en va sans dire un mot. – Ils s'en allaient souvent sans petit déjeuner. – Si la fête n'est pas chouette, on s'en ira. – Tu t'en vas comme ça, sans bagages? – Chaque fois qu'il y a du travail à faire, vous vous en allez! – C'est sûr que s'il n'y a rien à manger et à boire, les gens s'en iront vite.

6 froid ↔ chaud; blanc ↔ noir; artificiel ↔ naturel; un volcan qui dort ↔ un volcan en éruption; le nord ↔ le sud; l'ouest ↔ l'est; être au soleil ↔ être à l'ombre; détruire ↔ construire; la saison sèche ↔ la saison des pluies; l'été ↔ l'hiver; les points communs ↔ les différences; interdire de faire quelque chose ↔ permettre de faire quelque chose; la liberté ↔ l'esclavage; une langue étrangère ↔ la langue maternelle.

7 YAKKA: faire du kayak; FURS: faire du surf; GLOPENE: faire de la plongée; GINKKERT: faire du trekking; VACHEL: faire du cheval; ACLASEDE: faire de l'escalade; YONINGCANO: faire du cannoying; se GINABER: se baigner; se MENORPER: se promener; REZBORN: bronzer.

8 **les animaux:** le crabe, le dauphin, la langouste, un oiseau, le poisson, le requin, le thon.
la mer: la baie, le coquillage, la côte, une île, le lagon, la plage, le port, le sable.
le climat: le cyclone, le nuage, la pluie, la saison, le soleil, le vent.

9 Endroit où on cultive le café, le cacao: une plantation; Région occupée par un pays dominant: une colonie; Personne qui n'est pas libre: un(e) esclave; Langue maternelle des Antillais: le créole; Personne dont les parents ne sont pas de la même couleur: un métis; Ensemble des habitants d'un pays, d'un état: la population; Régions découvertes au XVe siècle: le nouveau monde.

10 Depuis toujours, les **habitants** de St-Pierre vivaient à côté de la **montagne** Pelée. Ce **volcan** dormait depuis des **siècles**. Un **jour**, en 1889, il s'était réveillé, mais par chance, les **éruptions** n'avaient rien détruit. Aucun habitant n'avait perdu la **vie**. Mais le 8 mai 1902, c'est la **catastrophe**. Un **nuage** de gaz et de **cendres** descend sur la **ville**. Sa **température** est de 1000°. En cinq **minutes**, il brûle tout sur son **chemin**. Bientôt il ne reste plus que des **ruines** comme à Pompéï. Il y a plus de 30 000 **morts** et un seul **survivant**.

11 a) Je préfère: le froid à la chaleur *(oder)* la chaleur au froid, le vent à la pluie *(oder)* la pluie au vent, l'escalade au trekking *(oder)* le trekking à l'escalade, les dauphins aux requins *(oder andersherum)*.
b) Je préfère: me baigner que bronzer; faire du surf que faire du kayak; écrire des SMS que téléphoner *(oder jeweils andersherum)*.

12 CD-Track 13 zweimal anhören: Mais si les Antilles sont un paradis pour les touristes, elles n'offrent pas les conditions idéales aux habitants des îles. Le grand problème aujourd'hui, c'est que beaucoup d'Antillais quittent les îles pour aller chercher du travail ou pour faire des études en France métropolitaine.

Worum geht es?	Wo?	Wann?	Welches Problem?	Warum?	Wohin?
problème	**Antilles**	**aujourd'hui**	**Antillais quittent îles**	**travail / études**	**France métropolitaine**

Auch wenn du die Wörter *Antilles/Antillais* noch nicht kennst, weißt du, dass man in der Lektion 5 die Inseln *Martinique et Guadeloupe* vorstellt. Sie liegen eben in den Antillen. Außerdem klingt *Antilles* fast wie das deutsche Wort Antillen. Ähnlich wird es dir mit dem Adjektiv *métropolitaine* gehen. Es ist zwar ein neuer Begriff, aber du weißt, dass *Metropole* Hauptstadt bedeutet. Und überhaupt, du hast eindeutig *France* gehört, zusammen kombiniert bezeichnen diese Worte Frankreich als Mutterland. Jetzt alle diese Informationen zusammenfassen:
Aujourd'hui, beaucoup de jeunes Antillais quittent leur région pour aller travailler ou faire des études en France.
Anschließend die Aussage interpretieren / kommentieren:
C'est un problème parce que ça veut dire qu'ils ne trouvent pas de travail sur les îles alors ils doivent quitter leur famille et leur culture. Et ce sont surtout les jeunes qui partent, donc il ne reste que des personnes âgées.

13 1. En Martinique, toutes les plages sont couvertes de sable noir à cause du volcan. – **falsch:** Seulement les plages près de la Montagne Pelée sont de sable noir. Sur les autres, il y a du sable blanc.

2. Il est conseillé de visiter les Antilles en août ou en octobre parce que le climat est idéal à cette époque de l'année. – **falsch:** D'abord c'est la saison des pluies et puis, il y a souvent des cyclones.
3. Les bons surfeurs choisissent le moment où le vent souffle le plus fort pour sortir en mer. – **richtig**
4. Les habitants des îles sont d'origines diverses. Ce mélange de cultures pose de gros problèmes. – **falsch:** Malgré les différences, ils ont en commun la même culture créole.
5. Le trafic d'esclaves s'est terminé en 1848 grâce à Victor Schoelcher. – **falsch:** Officiellement, la France a aboli l'esclavage en 1848 mais le trafic d'esclave a continué jusqu'en 1861.
6. A l'époque coloniale, les esclaves étaient la propriété des colons. Quand ils essayaient de fuir, ils risquaient leur vie. – **richtig**

14 J'ai passé mes vacances en Guadeloupe. J'ai vécu des moments que je n'oublierai jamais. – Je me suis baignée dans des eaux claires et chaudes et j'ai vu des poissons de toutes les couleurs. – J'ai pris des petits bateaux et j'ai découvert des îles extraordinaires. Et dans les lagons, j'ai souvent eu l'impression d'être Robinson! – Malgré les problèmes, les gens adorent rire et s'amuser. J'ai souvent été invité à manger avec eux en famille. – Ils se sont souvent amusés de mon français! Et moi, je n'ai pas toujours compris ce qu'ils disaient, surtout quand ils parlaient créole! – Les Antillais sont français, mais quand ils viennent en France, ils comprennent qu'ils sont aussi étrangers aux yeux des autres. – Ce n'est jamais facile de quitter son pays, sa famille, ses amis. On se retrouve tout à coup sans racines.

15 **A l'heure** de la mondialisation, les **départements** français d'outre-mer **offrent un exemple** positif de cohabitation entre des **peuples** venus des quatre coins **du monde**. Ici, les habitants d'origine diverses **vivent en harmonie** et le mélange ethnique a donné **naissance à** de multiples formes d'expressions artistiques. Qu'ils soient **musiciens**, danseurs, **peintres** ou écrivains, ils sont le produit d'un heureux **mélange de** cultures. Les îles où ils **sont nés** font penser à des cartes postales: mer azur, plages **blanches ou noires**, montagnes vertes, cascades: ce décor de **rêve** peut faire **oublier que** les conditions économiques sont loin **d'être** idéales. C'est pour ça que beaucoup d'entre eux **quittent ce** paradis pour venir **travailler** en France métropolitaine. Car **pour eux**, cette France est «leur» pays. Ils parlent français, ils ont appris **l'histoire** de France et ont répété **pendant des siècles**: «nos ancêtres, les Gaulois» sans se poser **de questions**. Et voilà **que quand ils** arrivent en France, **on leur** dit: «Toi, tu n'es pas d'ici.» Ils ne comprennent **plus rien**, eux, **qui aiment** tant la culture française.

16 Übersetzungshilfe:

Am 20. Juni 2006 hat am Fuß des Eiffelturms neben der Seine ein neues Museum seine Türen geöffnet. Es handelt sich um das Museum Quai Branly, das ganz den nicht-westlichen Kunstformen gewidmet ist. Hier sind herrliche alte Sammlungen aus Afrika, Asien, Ozeanien und aus Nord- und Südamerika vereint. Diese Institution unter der Schirmherrschaft der UNESCO hat sich als Ziel gesetzt, den nicht-europäischen Kulturen den Platz, den sie verdienen, wiederzugeben und offiziell zu statuieren, dass alle Kulturen gleichgestellt sind. Es war eine Vorstellung von Jacques Chirac, die ihm lieb und teuer war, der seit langem eine Vorliebe für die sogenannten „primitiven Künste" hat. Schon im Jahr 2000 war es ihm gelungen, Kunstwerke aus allen Ecken der Welt im sakrosankten Louvre einzuführen. Aber das genügte ihm nicht: Wie auch die anderen französischen Präsidenten wollte er ein Symbol seiner Zeit als Staatsoberhaupt hinterlassen. Pompidou hatte das Kulturzentrum Beaubourg, Giscard d'Estaing das Museum Orsay, Mittérand die Louvre-Pyramide gehabt, nun hat auch Chirac „sein" Museum! Und was für eins! Eine innovative und bunte Architektur mit originellen Formen in einem eher konservativen Viertel. Manche mögen es, andere nicht, aber keiner bleibt gleichgültig vor diesem gewagten Gebäudekomplex, das Jean Nouvel kreiert hat. Die (völlig) mit Pflanzen bedeckte Fassade eines Gebäudes ist heute eines der meistfotografierten Motive. Innen erwarten mehr als 300 000 Objekte die Kunstliebhaber: Musikinstrumente, Statuen, Skulpturen, Geschirr, Masken, Schmuckstücke, Kostüme, Totems … Sie sind geografisch geordnet und betonen die Schönheit, die Vielfalt und den Reichtum der alten Zivilisationen. Obwohl das Museum von einer guten Absicht ausging, ist es (jetzt) der Gegenstand von großen Kontroversen in der Welt der Wissenschaft. Einige werfen den Verantwortlichen vor, dass sie hier einem breiten Publikum Tabu-Objekte zeigen, die in ihrem Ursprungsland keiner sehen durfte, sei es, weil sie als heilig galten, sei es, weil sie magische Kräfte besaßen. Andere kritisieren heftig, dass man kein Wort darüber verliert, dass die Ausstellungsstücke während der Kolonialzeit „erworben" (sprich: gestohlen) worden sind und dass sie hier ohne Rückfrage und ohne Erlaubnis der entsprechenden Länder ausgestellt sind. Eine Situation, die dem Museumsmotto: „Kulturen dienen dem Dialog" ziemlich widerspricht.

Eröffnung: **le 20 juin 2006.**
Standort: **au pied de la Tour Eiffel, sur les bords de la Seine.**
Spezifikation des Museums: **Il est entièrement consacré aux arts non occidentaux.**
Zweck: **redonner aux cultures non européennes la place qu'elles méritent et établir officiellement l'idée de l'égalité entre les cultures.**

Schirmherr: **l'UNESCO.**
Stifter: **le président Jacques Chirac.**
Beweggründe des Stifters: **Il aime les arts primitifs et il voulait avoir „son" musée.**
Beweis seiner Liebe zur nicht-westlichen Kunst: **En 2000, il a fait entrer des œuvres des quatre coins du monde dans le Louvre.**
Name des Architekten: **Jean Nouvel.**
Charakteristiken des Baus: **une architecture innovative et colorée, des formes originales.**
Darstellung der Objekte: **Ils sont exposés/organisés en espaces géographiques.**
Kritikpunkte an der Ausstellung: **Les collections proviennent de l'époque coloniale. On montre au grand public des objets tabou. On n'a pas demandé l'avis et la permission aux pays d'origine.**

Modul 1

1 Il lui **a offert** un CD. – Un jour, elle **découvrira** la vérité. – Quand j'étais petite, je **souffrais** d'être seule. – Ils **ont découvert** un squelette dans leur jardin. – A ta place, je lui **offrirais** des fleurs. – Je trouve triste que les élèves de l'internat **souffrent** comme ça. – Pourquoi est-ce que vous **n'avez pas ouvert**?

2 La bombe **a détruit** tout le quartier. – Don Juan **a séduit** beaucoup de femmes. – Ce matin, en classe, nous **avons traduit** un texte en français. – Actuellement, on **construit** une nouvelle autoroute. – On a fait 900 km aujourd'hui. Mon père **a conduit** pendant tout le voyage. – La pollution **détruit** la couche d'ozone. – Le week-end dernier, ils **ont construit** une petite maison pour les oiseaux.

3 M. Mathieu a réussi à faire chanter tous les enfants. – On a réussi / Nous avons réussi à rentrer sans payer / gratuitement. – Tu vas sûrement arriver / Tu arriveras sûrement à avoir une bonne note. – Elle réussit souvent à ne pas faire de fautes en dictée. – Tu as réussi encore une fois à me mettre en colère!

4 **1. / a) + d)** M. Mathieu est le nouveau surveillant / voudrait créer une chorale. – **2. / e) + g)** M. Rachin est le directeur de l'internat / a des méthodes d'éducation très dures. – **3. / f) + i)** Pierre Morhange est un élève difficile / chante très bien. – **4. / b) + c)** Pépinot est un petit garçon dont les parents sont morts / attend chaque samedi devant la grille. –

5. / h) + j) Maxence s'occupe de tout dans l'école / va devenir l'ami du nouveau surveillant.

5 C'est lui qui est avec les élèves quand ils n'ont pas cours: le pion ou le surveillant. – C'est le sac des élèves: le cartable. – C'est sur ça que nous marchons: le sol. – On l'utilise pour monter à pied à l'étage: l'escalier. – C'est un jeu d'enfants où il faut trouver celui qui s'est caché: le cache-cache. – C'est une personne qui aide financièrement les artistes: un(e) mécène. – Ce sont les heures où les artistes préparent une représentation: les répétitions. – C'est un passage pour aller d'une pièce/classe à l'autre: le couloir.

6 Il est sorti de la classe: il est entré dans la classe. – Il a allumé sa cigarette: il a éteint sa cigarette. – Il a fermé la porte: il a ouvert la porte. – Il a marché tranquillement: il a couru. – Les élèves se sont levés de leurs bancs: les élèves sont restés assis. – Tout le monde était silencieux: tout le monde criait. – Ils ont continué de chanter: ils ont arrêté de chanter.

7 Le réalisateur du film a gagné un Oscar. – La scène se déroule dans un internat. – Le film est en version originale. – Je n'ai pas vu le film complet, seulement quelques séquences. – Vous ne trouvez pas que dans les cinés le son est trop fort? – Le film passe au cinéma Rex. – Le film est très long. Il dure deux heures. – Il s'agit d'une adaptation de roman.

8 Bon d'accord, je n'ai pas encore la réponse pour le stage à Cannes, mais je rêve déjà que je suis là-bas. Je me fais mon cinéma. – Demain, il doit faire un exposé devant la classe. Il est très nerveux. Il a le trac. – Mais non, ce n'est pas sérieux. Elle n'a pas vraiment mal. Elle fait juste son cinéma. – Il lui a posé un lapin. Elle l'a attendu une heure sous la pluie. Elle l'a appelé très en colère. Elle lui a fait une scène. – Je ne sais pas comment tu fais. Tu n'es pas mieux que moi, mais tu arrives toujours à faire bonne impression, à te mettre en vedette. – Le ministre va venir dans notre école. Les profs n'arrêtent pas de nous dire quels vêtements mettre, quelles questions poser. Ils font tout un cinéma. – Je sais, je sais! Tu as toujours une bonne excuse pour me laisser faire tout le travail alors, arrête ton cinéma! – Depuis qu'il est passé à la télé, il n'est plus le même. Il ne nous parle plus. Il se la joue grave.

9 Beaucoup d'élèves ne sont pas heureux, notamment Pierre et Pépinot. – Pierre est un élève difficile. Par contre, il chante bien. – Pépinot pense que ses parents vont venir, c'est pourquoi il attend devant la grille. – Les élèves n'aiment pas le directeur. Non seulement il est dur, mais il est aussi injuste. – Comme il est interdit de fumer, M. Mathieu éteint la cigarette. – L'internat est un endroit triste. On voit notamment / entre autres des grilles fermées, des vieux murs, des interdictions partout. – Les enfants se disputent et se battent, **en plus** ils fument dans la classe. – **Au début,** les élèves ne veulent pas chanter, mais **finalement** ils sont tous très heureux d'être dans la chorale.

10 1. C'est super! – 2. Je ne te crois! – 3. C'est la barbe! – 4. C'est bien fait pour toi! – 5. Silence! – 6. Ça sent mauvais! – 7. Je veux dormir! – 8. Je te téléphone!

11
1. M. Mathieu est un homme dont on ne sait rien au début du film. **– richtig**
2. Le directeur de l'internat, M. Rachin, attend le nouveau surveillant devant la grille et le fait entrer. **– falsch:** C'est Maxence qui ouvre la grille et le fait entrer.
3. La première personne que M. Mathieu rencontre quand il arrive, c'est un petit garçon aux yeux tristes. **– richtig**
4. Quand M. Mathieu entre pour la première fois dans sa classe, tous les élèves sont assis et tranquilles. **– falsch:** Ils se disputent et se battent.
5. M. Mathieu tombe parce que les élèves lui ont lancé un ballon. **– falsch:** Il tombe tout seul et après, les élèves jouent au ballon avec son cartable.
6. Le directeur interdit aux élèves de chanter mais M. Mathieu continue les répétitions quand même. **– richtig**

12 Bon, alors, je vais vous résumer le film que je viens de voir. Son titre, c'est «Les Choristes». Le film se passe vers la fin des années 40. Il montre la vie quotidienne dans un internat pour enfants difficiles. En fait, il s'agit plus d'une prison que d'un internat. Et tous les enfants ne sont pas difficiles. Certains sont là parce qu'ils ont perdu leurs parents pendant la guerre. Le directeur pense qu'avec les enfants, il faut utiliser des méthodes très dures pour avoir de bons résultats.
Et puis, un jour, M. Mathieu arrive ici. C'est un musicien sans travail qui a accepté un poste de surveillant. On découvre vite qu'il aime beaucoup les enfants et qu'il n'est pas d'accord avec la discipline sévère de M. Rachin. Au contraire, il essaie de leur apporter un peu de joie et de plaisir grâce à la musique. C'est avec Pierre, un garçon rebelle qu'il a le plus de succès. Pierre comprend peu à peu que le chant et la musique font oublier la tristesse. Plus tard, il fera une carrière de chef d'orchestre.

13 Ce matin, nous **étions tous** excités parce que notre nouveau **surveillant** devait arriver. Alors, nous avons **envoyé** Pépinot, le plus **jeune d'entre** nous, devant l'entrée **pour qu'il nous** signale l'arrivée du pion. Nous, **pendant ce temps**, on a préparé une blague: on **a allumé** une cigarette et on l'a mise dans **la bouche** du squelette qui est dans notre classe. Et puis Pépinot a crié: «Il arrive!» et on **a tous couru** vers les fenêtres pour le voir. Alors, c'était lui, notre nouveau pion! Ce **petit homme**, gris et rond! Nous avons pensé qu'avec lui, nous ferions ce que nous voulons. Il n'avait pas l'air très sévère. Très vite, il a eu notre sympathie.

14 Übersetzungshilfe:

Kleine Geschichte des Internats

Das Internat hat in Europa eine lange Tradition. In Großbritannien, Deutschland und in der Schweiz existiert es schon seit mehreren Jahrhunderten. Ursprünglich war es oft von Geistlichen geführt und nahm Kinder (reicher) privilegierter Schichten auf, die damals als Einzige Zugang zur Bildung hatten.
In Frankreich unter der Präsidentschaft von Jules Ferry, 1832–1893, wird das Internat demokratischer und meistens nicht konfessionell: gute Schüler aus allen sozialen Schichten werden nach einer Aufnahmeprüfung zugelassen. Später mit der Zunahme der Masseneinschulung öffnet das Internat seine Türen einem breiteren Publikum. Es war oft die einzige Möglichkeit, eine Sekundarschule zu besuchen, denn zwischen den beiden Weltkriegen waren die Sekundarschulen nicht zahlreich in den französischen Provinzen. Das öffentliche Internat wird deshalb als ein *collège* oder Gymnasium mit Unterkunft betrachtet, während das private Internat eher dazu neigt, eine spezifische Bildung anzubieten. Aber sehr lange zeigt das Internat das negative Bild eines geschlossenen Ortes mit harter Disziplin, einer strengen Institution, die keineswegs die individuellen Bedürfnisse der Schüler berücksichtigt. In den 70er Jahren verliert das Internat an Bedeutung: die Schulen und die Schulbusse haben sich im ganzen Land verbreitet, so dass auch diejenigen, die weit weg von der Schule wohnen, abends nach Hause fahren können. Parallel zu dieser Bequemlichkeit stellt man auch eine Veränderung der Mentalität in der Gesellschaft fest. Die Jugendlichen dürfen nun mitreden: die Eltern können sie nicht mehr in ein Internat schicken, wenn sie nicht damit einverstanden sind. Gleichzeitig werden die Beziehungen zwischen Eltern und Kinder stärker: die Eltern wünschen ihre Kinder bei sich zu behalten und selbst an ihrer Erziehung teilzunehmen. Dadurch scheint die Rolle des Internats wirklich überholt. In den noch vorhandenen Internaten ist die Zahl der Schüler deutlich zurückgegangen. Diejenigen die noch hier leben, sind es aus geografischen Gründen (= Entfernung zum Familienhaus), familiärer Probleme oder auch, weil ihre Eltern die Tradition einer strengen und disziplinierten Erziehung aufrechthalten wollen. Man könnte meinen, die Tage dieser Institution sind gezählt. Jedoch am Anfang des 21. Jahrhunderts erlebt das Internat wieder einen deutlichen Erfolg, aber es ist ein moderneres Internat mit zusätzlichen sportlichen, kulturellen und künstlerischen Aktivitäten, neben einer jugendgerechten Betreuung. In der Tat sind viele Eltern (und auch Kinder) nicht zufrieden mit dem Unterricht, der in den öffentlichen Schulen angeboten wird. Sie meinen, die Internate bieten bessere Erfolgschancen, dank

optimaler Entwicklungsmöglichkeiten und dank einer individuellen Unterstützung bei schwächeren Leistungen. Außerdem denken viele Eltern, dass das Gemeinschaftsleben ihrem Kind sehr nützlich ist. So gesehen kann das neue Internat als erzieherische Wahlmöglichkeit ein noch breiteres Publikum ansprechen.

1. Urspünglich bekamen nur reiche Kinder eine Ausbildung: **Les enfants des classes favorisées avaient alors seuls accès à l'instruction.**
2. Dies ändert sich im XIX.Jahrhundert: **L'internat se démocratise: on y accepte, après un examen d'entrée, les bons élèves de toutes les classes sociales.**
3. Im XX. Jahrhundert findet man in der Provinz wenig Sekundarschulen: **Les établissements scolaires du second degré ne sont pas très nombreux dans les campagnes françaises d'entre les deux guerres.**
4. Lange Zeit hatte das Internat einen schlechten Ruf: **Pendant très longtemps l'internat présente l'image négative d'une institution sévère, d'un lieu fermé avec une discipline très stricte qui ne tient absolument pas compte des besoins individuels des élèves.**
5. In den 70er Jahren entstehen neue familiäre Beziehungen: **les relations parents – enfants sont plus fortes: les parents souhaitent garder leur enfant près d'eux et participer eux-mêmes à leur éducation.**
6. In dieser Zeit scheint das Internat ausgedient zu haben: **le rôle de l'internat semble vraiment dépassé, dans les internats existants, le nombre d'élèves a nettement diminué.**
7. Heutzutage zeigt das Internat ein neues Gesicht: **C'est un internat modernisé qui propose des activités sportives, culturelles et artistiques en plus d'un encadrement spécifique aux besoins des jeunes.**
8. In einem modernen Internat kann jeder seine persönlichen Fähigkeiten entwickeln: **Les internats offrent de meilleures chances de réussite grâce à un développement optimal des capacités particulières de chaque enfant.**

Modul 2

1 je verrais: j'**aurais vu**; le train partirait: le train **serait parti**; on devrait: on **aurait dû**; ma sœur viendrait: ma sœur **serait venue**; ils finiraient: ils **auraient fini**; tu ne dirais pas ça: tu **n'aurais pas dit ça!** ça marcherait mieux: ça **aurait mieux marché**; vous arriveriez: vous **seriez arrivés**; il faudrait lui dire: **il aurait fallu lui dire**.

2 On **n'aurait pas dû** prendre ce chemin. – J'**aurais voulu** faire des études de médecine. – Elle **aurait aimé** avoir des frères et sœurs. – J'**aurais dû** lui dire que je l'aime. – Il **aurait préféré** faire de la voile. – Sans lui, j'**aurais passé** des vacances plus tranquilles.

3 On aurait dû appeler la police. – Tes amis auraient pu prendre le train. – Vous auriez dû demander la permission avant! – Elle aurait pu dire quelque chose. – Tu aurais pu t'excuser. – Oui, oui, j'aurais pu y penser moi-même.

4 **1./d)** Si j'étais resté(e) à la maison ce jour-là, je ne t'aurais pas rencontré. – **2./c)** Si tu m'avais donné ton numéro, je t'aurais appelé. – **3./e)** Si j'avais pris le train, je serais arrivé dans la nuit. – **4./a)** Si je n'avais pas eu mon portable, on ne m'aurait pas trouvé si vite. – **5./b)** Si tu avais fait moins de bruit, je ne me serais pas réveillé.

5 Si nous avions marché assez vite, nous ne serions pas arrivés en retard. – S'il avait fait beau, nous serions sortis. – Si j'avais regardé la compétition, j'aurais vu l'accident. – Si Mathilde et Jéremie n'étaient pas venus à St-Pardon, ils n'auraient pas fait cet exploit. – S'ils n'avaient pas lu un reportage sur le mascaret, ils n'auraient pas décidé de surfer sur cette vague.

6 La compétition **à laquelle** ils participent. – Les vagues **sur lesquelles** ils surfent. – Le reportage **dans lequel** on parlait du mascaret. – L'homme **près duquel** j'étais assise. – L'arbre **auquel** il est resté accroché. – Les heures **pendant lesquelles** il a eu froid et peur. – Les risques **auxquels** ils n'avaient pas pensé.

7 Il s'intéresse à plusieurs sports. – Ah oui? **Auxquels?**
Ils ont parlé d'un jeune surfeur. – Ah bon! **Duquel?**
On a écrit à un club de natation de la région. – **Auquel?**
J'ai une bonne idée pour les vacances. – Ah oui? **Laquelle?**
Ils ont battu un record. – Ah bon! **Lequel?**
Ils ont montré des photos des participants. – Ah bon! **Desquels?**
J'ai envoyé des cartes à quelques copines. – Ah bon! **Auxquelles?**

8 **1./h)** Il y avait beaucoup de monde sur les rives de la Dordogne **pour** voir le mascaret. – **2./g)** L' oncle de Thomas aurait pu leur apprendre la voile. – **3./e)** Les pompiers ont mis 4 heures **pour** retrouver Farid. – **4./a)** Le problème pour les surfeurs, c'est **de** rester le plus longtemps possible sur la vague. – **5./b)** Les quatre copains ont décidé **de** participer à la compétition de surf. – **6./i)** Un surfeur propose **de** chercher Farid sur les rives de la Dordogne. – **7./c)** Tout à coup, ils ont entendu quelqu'un crier «Au secours!». – **8./f)** Farid s'est accroché à un arbre **pour** éviter le courant. – 9. / d) Les quatre jeunes n'auraient jamais pensé réussir cet exploit.

9 1. On a besoin de cet équipement pour faire du surf: la planche. – 2. Un sport qu'on pratique dans l'eau: la natation. – 3. La Dordogne en est un. La Seine aussi: un fleuve. – 4. La plus grande d'Europe est à St-Pardon: la vague. – 5. Un danger quand on ne sait pas nager: se noyer. – 6. Un moyen de transport sur l'eau: le bateau. – 7. Les côtés d'une rivière: les rives. – 8. Un synonyme de danger: le risque. – 9. Le mouvement de l'eau: le courant. – 10. Quand la mer monte ou descend: la marée.

10 1. / c) Il est tombé: il a fait une chute; – 2. / h) Il a peur de tout: c'est une poule mouillée; – 3. / k) Il y avait beaucoup de monde: la foule était énorme; – 4. / b) Un record, un grand succès: c'est un exploit; – 5. / i) Il fait des acrobaties: il fait des figures libres; – 6. / d) Un fleuve pour les papis: pour les vieux grands-pères; – 7. / f) Ils ont un peu peur, ils sont nerveux: ils sont inquiets; – 8. / l) Ils auraient manqué quelque chose: ils auraient raté ça; – 9. / a) Les gens criaient «bravo»: ils ont applaudi; – 10. / g) Ils ont surfé longtemps sur la vague: ils ont tenu plus de dix minutes sur leur planche; – 11. / j) Il s'est passé quelque chose de sérieux: il est arrivé quelque chose de grave; – 12. / e) Il avait très froid: il tremblait.

11 1. J'avais vu à la télé un reportage sur le mascaret. – 2. Ça m'a donné envie de faire du surf à cet endroit. – 3. Je suis donc allé à St-Pardon avec trois copains. – 4. Là, il y a la plus longue vague d'Europe. – 5. Il est très difficile de rester plus de dix minutes sur cette vague, même si on est bon surfeur. – 6. Mais nous, on a réussi à tenir presque 20 minutes sans tomber. – 7. Tout le monde nous a applaudis. – 8. Normalement, j'aurais dû fêter cet exploit avec les autres. – 9. Mais j'ai fait une chute et je me suis blessé. – 10. Heureusement, ce n'était pas trop grave.

12 ce jour-là: an jenem Tag; la veille: am Tag davor; au début (*oder:* au commencement): am Anfang; d'abord: zuerst; tout à coup: plötzlich; avant: vorher, früher; finalement: schließlich/letztlich; quand même: trotzdem; bientôt: bald; tout le temps: die ganze Zeit; hier soir: gestern Abend; le lendemain: am nächsten Tag; là: dort; vers 22h: gegen 22 Uhr; même: sogar; pourtant: jedoch.

13 Les pompiers sont vite arrivés. J'ai vu l'ambulance devant la maison. Quelqu'un a crié «Au secours! A l'aide!» Ils ont réussi à sauver un jeune qui était en train de se noyer. Il faut appeler la police. Les secours étaient déjà là. Quelqu'un est en danger. Il y a eu un grave accident. Il y a beaucoup de victimes. Ils ont dit qu'il y avait trois morts et plusieurs blessés.

14 Sur l'image, on voit à droite, un homme et à gauche, un enfant. La petite fille a la bouche ouverte. Elle est en train de crier ou de pleurer. L'homme, sans doute son père, a le visage rouge. Il a l'air perplexe. Il a la main levée comme pour essayer de stopper les cris de l'enfant. On a l'impression que la fille fait un caprice et que le père ne sait pas quoi faire pour la calmer.

15
1. Thomas rêve de faire du surf sur des vagues énormes. **– falsch:** Il trouve ça dangereux et aimerait mieux apprendre la voile.
2. Farid a téléphoné au club de surf sans en parler à Thomas avant. **– richtig**
3. Le mascaret est un phénomène rare. On peut le voir seulement dans quelques régions du monde. **– richtig**
4. Les 4 jeunes ont réussi l'exploit de tenir une demi-heure sur la vague. **– falsch:** ils ont réussi à surfer pendant 20 minutes, ce qui est quand même un exploit!
5. Les 4 copains pensaient que la Dordogne était un fleuve tranquille, sans intérêt pour les vrais surfeurs. **– richtig**
6. Les 4 jeunes sont sortis de l'eau en même temps, tous très contents. **– falsch:** il manque Farid à l'arrivée.

16 Je n'aurais jamais imaginé qu'on pourrait faire cet exploit. – Je suis inquiète de ne pas avoir de ses nouvelles. – Tu aurais pu me demander mon avis, quand même! – Tu aurais dû me dire plus tôt que tu avais peur de l'eau. – C'était génial à St-Pardon! Il y avait une très bonne ambiance et beaucoup de monde. – Quel dommage que tu ne sois pas venu avec nous. – Tu as vraiment raté quelque chose. – Tu as eu de la chance de pouvoir t'accrocher à une branche, sinon tu serais mort maintenant. – On a évité de peu la catastrophe. – On a eu plus de peur que de mal.

17 Normalement les jeunes auraient dû **être contents** de leur journée. Ils avaient réalisé **un exploit** et tout le monde **les avait** applaudis. La presse et la télévision étaient là pour faire des **reportages sur eux**. Ils étaient les **héros** de St-Pardon. Cependant ils **commençaient à** être inquiets parce que leur copain Farid **manquait**. Ils se demandaient **où il était** passé. Pendant la compétition, il surfait tout le temps **à côté d'**eux. Et tout à coup, à l'arrivée, **il avait** disparu. Et **personne n'**avait rien vu. Au début, les pompiers n'ont pas **pris** la chose **au sérieux**. Mais quand la nuit **est tombée**, ils ont compris que ce n'était pas **une blague**.

18 Übersetzungshilfe:

Unglaubliches Glück

Anfang Februar 2007 war Ewa Wisnierska, die deutsche Vize-Weltmeisterin im Gleitschirmfliegen, in Australien und trainierte für die Weltmeisterschaft, die Ende Februar stattfinden sollte. Ihre ersten Flüge waren problemlos gelaufen und Ewa fühlte sich sehr fit. Sie war voller Tatendrang und war sich sicher, beim nächsten Wettkampf die Goldmedaille zu gewinnen. Dieser Trainingstag beginnt wie alle anderen. Sie beherrscht die Technik souverän und genießt das Gleiten inmitten von 200 anderen Gleitschirmfliegern, die wie bunte Vögel in der Luft schweben. „Es ist einfach fantastisch, die Erde aus dieser Höhe zu sehen". Dann geht plötzlich alles sehr schnell: „Ich habe den Donner erst hinter, dann vor mir gehört. Plötzlich ist alles dunkel geworden. Mir ist klar geworden, dass ich mich im Zentrum des Sturms befand", wird sie später den Journalisten erklären. Sie ist zwischen zwei Gewitterwolken geraten und wird in wenigen Minuten auf 6000 Meter katapultiert. Das bemerkt sie noch, dann wird sie bewusstlos. Dank ihrer Instrumente wird man später sehen, dass sie sogar auf 9000 Meter emporgeschleudert wurde. Die Überlebenschancen bei einem derartig heftigen Flug sind fast null. Um die Situation richtig zu verstehen, muss man sich eine Person vorstellen, die innerhalb einer Viertelstunde auf die Spitze des Mount Everest (8850 m) geschleudert wird. Dort würde der rapide Sauerstoffentzug schnell zum Tode führen. Ewa bleibt, immer noch ohnmächtig, länger als eine Stunde bei minus 50°C in dieser Höhe und überlebt den Unfall. Ein anderer chinesischer Gleitschirmflieger hatte nicht so viel Glück und starb bei demselben Sturm. Die Experten erklären später, dass das Herz einer bewusstlosen Person langsamer schlägt, was ihr das Leben gerettet hat. Irgendwann kommt sie wieder zu sich und stellt fest, dass sie sich in einer Höhe von 6900 Metern befindet und dass sie komplett mit Eis bedeckt ist. Trotzdem verliert sie keinen einzigen Augenblick den Mut. Im Gegenteil: Sie ist völlig davon überzeugt, dass es ihr gelingen wird, zum Boden zurückzukehren. Wie durch ein Wunder schafft sie tatsächlich die Landung. Im Vollbesitz ihrer geistigen Kräfte benutzt sie ihr Handy, um nach Hilfe zu rufen. Der Rettungsdienst entdeckt sie kurz danach und bringt sie ins Krankenhaus. Dort wurde festgestellt, dass sie Erfrierungen im Gesicht und an den Ohren hat, aber dass ihr Zustand ansonsten normal zu sein scheint. Und trotz dieses unglaublichen Abenteuers ist Ewa nach wie vor entschlossen, an den Weltmeisterschaften am 24. Februar teilzunehmen.

1. Ce jour-là, Ewa participe au championnat de parapente. – falsch; 2. C'est son premier vol. – falsch; 3. Il y a 200 autres sportifs dans l'air. – richtig; 4. Soudain Ewa est au milieu d'une tempête. – richtig; 5. Elle se retrouve tout de suite à 9000m de hauteur. – falsch; 6. Elle perd connaissance (tombe dans les pommes). – richtig; 7. Elle se trouve sur le Mont Everest. – falsch; 8. A 9000m, le manque d'oxygène provoque vite la mort. – richtig; 9. Ewa passe un quart d'heure à 50°C sous zéro. – falsch; 10. Cette tempête n'a pas fait de victimes. – falsch; 11. Ewa était sûre de survivre à cet accident. – richtig; 12. De retour sur terre, elle appelle elle-même les secours. – richtig; 13. Elle est très gravement blessée. – falsch; 14. Elle veut abandonner le parapente. – falsch

Modul 3

1 Benjamin se souvient des moments qu'il avait passés avec son père; du feu qu'ils ont allumé ensemble; des fleurs qu'il a cueillies pour sa mère; des coquillages qu'il a ramassés; des personnes qu'il a rencontrées; de la dame qui l'avait grondé; de la croix qu'il avait fabriquée.

2 1./e) Je cherche ma chemise bleue. Tu ne l'as pas vue par hasard? – 2./d) Qu'est-ce que tu as fait avec les pâtes? Je les ai jetées. – 3./f) Où sont tes chaussures de marche? Je les ai mises dans le sac à dos. – 4./a) Les moustiques ne t'ont pas dérangé? Si, mais je les ai tués. – 5./b) Elle est bien, cette tente! Où est-ce que tu l'as achetée? – 6./c) Où est passé le poisson? Je l'ai remis dans l'eau.

3 1./f) La ligne, c'est une chose dont on a besoin pour pêcher. – 2./g) Les chiens sont des animaux dont j'ai peur. – 3./a) Les tabous sont des sujets dont on ne parle pas. – 4./b) Chez nous, la cuisine, c'est un domaine dont mon père s'occupe. – 5./d) Faire le tour du monde, c'est une chose dont je rêve. – 6./c) Les chrysanthèmes sont des fleurs dont j'oublie toujours l'orthographe! – 7./e) 18/20, c'est une note dont elle est très contente.

4 Nous aperçumes un étang: apercevoir, avons aperçu; – Le feu fit partir les moustiques: faire, a fait; – Nous restâmes trois jours: rester, sommes restés; – Il s'arrêta net: s'arrêter, s'est arrêté; – Papa décida de pêcher: décider, a décidé; – Alors il fabriqua une ligne: fabriquer, a fabriqué; – Nos yeux se fermèrent: se fermer, se sont fermés.

5 Benjamin, voilà ce que j'ai décidé: einmaliges Geschehen. – Nous allons partir un mois ensemble. Nous étions à table: Hintergrundinformation. –

Papa avait préparé des pâtes: frühere Handlung. – Elles n'avaient pas de goût comme ça, sans fromage: Hintergrundinformation. – Alors je ne les ai pas mangées: Konsequenz. – Papa avait l'air déçu: Hintergrund-information. Et puis, il s'est levé et allé dans la cuisine et il est revenu avec une bouteille de Ketchup: Folge von Ereignissen.

6 Le week-end dernier, je suis allé(e) voir un ami que je connaissais depuis l'école primaire. Je lui avais envoyé un SMS pour lui annoncer ma visite.

Hier, Mathieu a passé son permis de conduire. Il était très nerveux et n'avait pas pu dormir pendant toute la nuit. Alors, bien sûr, il a fait une faute après l'autre.

Ce soir-là, Mme Monet s'était couché tôt parce qu'elle avait eu une dure journée. Vers 2h du matin, elle a entendu un grand bruit à sa porte. C'était le voisin du dessus. Il avait beaucoup bu et pensait être chez lui.

7 imparfait, immobile, impopulaire, incompétent, impoli, inconnu, injuste, indiscret, inexact, immortel, inégal, incompatible.

8 bloquer ↔ débloquer: lockern, entriegeln; armer ↔ désarmer: entwaffnen; coder ↔ décoder: dekodieren, entschlüsseln; coller ↔ décoller: ablösen; habiller ↔ déshabiller: ausziehen; obéir ↔ désobéir: nicht gehorchen; conseiller ↔ déconseiller: abraten.

9 sport → sportif; communication → communicatif; drame → dramatique; allergie → allergique; antiquité → antique; folklore → folklorique; activité → actif; énergie → énergique; agression → agressif; création → créatif.

10 Des spécialités régionales. – Des conflits mondiaux. – Une histoire sentimentale. – Des problèmes sociaux. – Des produits nationaux. – Des situations normales. – Tous les hommes sont égaux.

11 **pêcher:** rivière, ligne, ficelle, hameçon, poisson, prise, sardine, étang
nature: rose, marguerite, arbre, libellule, moustique, coquillage, éclair, orage.

12 Elle est gentille ↔ elle est méchante; Il est marié ↔ il est célibataire; Elle est blonde ↔ elle est brune; Il est nerveux ↔ il est calme; Il est sûr de lui ↔ il est timide; Elle est discrète ↔ elle est curieuse; Il a beaucoup de qualités ↔ il a beaucoup de défauts.

13 J'aime faire du sport. Elle adore aller au cinéma et faire du shopping. Moi, je voudrais jouer de la guitare. Nous, on va souvent à la médiathèque.

Il aimerait faire le tour du monde en bateau. Elle voudrait devenir actrice alors elle prend des cours dans une école d'art dramatique. Je suis né(e) le 3 octobre.

14
1. Le père de Benjamin fait bien la cuisine. – **falsch:** Il ne sait même pas préparer des pâtes.
2. Les parents de Benjamin ne vivent plus ensemble, c'est pourquoi ils ne se voient pas souvent. – **richtig**
3. L'idée de marcher pendant un mois seul avec son père fait énormément plaisir à Benjamin. – **falsch:** Il dit que c'est comme un choc et qu'il n'a même plus envie de chocolat.
4. Benjamin n'a plus de souvenirs du temps où son père était encore à la maison. – **richtig**
5. Quand il était petit, Benjamin ramassait souvent des fleurs pour les offrir à sa mère. – **richtig**
6. Les parents de Benjamin se sont rencontrés pendant une randonnée en montagne. – **falsch:** Ils se sont rencontrés au bord de la mer.
7. Le 17e jour, pour traverser une rivière, Ben et son père enlèvent tous leurs vêtements. – **falsch:** Ils enlèvent seulement leurs chaussures et leurs pantalons.
8. Un soir, ils ont mangé le poisson que le père avait attrapé. – **falsch:** Il n'attrape rien alors ils mangent des sardines en boîte.

15
1. Quand mon père m'a annoncé qu'on allait partir ensemble à pied, je n'ai plus pu manger. – 2. Il n'a même pas mis de beurre ou de gruyère dans les pâtes. On les a mangées comme ça, sans rien. – 3. Moi, je n'aime pas faire du camping. Il faut installer la tente tous les soirs, ramasser du bois pour le feu et se battre contre les moustiques. – 4. Il raconte vraiment n'importe quoi! Il dit que j'avais 6 ans, mais en fait j'en avais neuf quand ça s'est passé. – 5. Au bout de 15 km, j'ai commencé à avoir mal aux pieds alors j'ai proposé qu'on s'arrête au bord d'une rivière. – 6. Ce soir-là, il y a eu un gros orage. Bien au chaud sous notre tente, on regardait les éclairs et la pluie tomber.

16
Je me souviens d'une randonnée que j'ai faite avec des amis. Nous sommes partis de la Côte d'Azur où il faisait 34° et après trois heures de route, nous sommes arrivés dans un village de montagne. Nous avons suivi le chemin de randonnée et nous avons marché deux heures pour arriver au sommet. Là, nous nous sommes séparés: un groupe est parti voir des chamois, les autres ont fait un pique-nique. Tout à coup, on a vu des petits nuages arriver. On a voulu descendre tout de suite mais il fallait attendre les autres. Finalement quand nous avons commencé à descendre tous ensemble, il s'est mis à pleuvoir et il y avait des éclairs terribles.

17 Übersetzungshilfe:

Der Weg nach Compostela (Jakobsweg) existiert seit mehr als 1000 Jahren. Im 9. Jahrhundert wurde der Leichnam vom Heiligen Jakob, einem der zwölf Apostel Christi, in Spanien, im Dorf Santiago de Compostela entdeckt. An diesen Ort, reich an Spiritualität, begaben sich als Erste französische Adelige. Seit einigen Jahren besuchen wieder viele Leute diesen Weg. Jeder von uns kennt jemanden, der schon dort gewesen ist oder der vorhat, dorthin zu gehen. Die Motivationen zu dieser Pilgerreise sind sehr verschieden: (manche wollen dabei) eine körperliche Leistung erbringen, unter fast mittelalterlichen Bedingungen leben, eine Zeit der Meditation und des Nachdenkens erleben, eine spirituelle Dimension suchen, aber auch der Wunsch nach außergewöhnlichen, aktiven und günstigen Ferien. Aber egal was sie ursprünglich für Gründe hatten, viele sagen, dass diese Reise sie verändert hat. Jedoch ist diese Wanderung sowohl physisch wie psychisch weit entfernt von einer Vergnügungstour. Man muss wissen, dass der lange tägliche Lauf nichts zu tun hat mit einer Bergtour am Samstag, wo man nach einigen Stunden Anstrengung sein Auto und später sein bequemes Zuhause wiederfindet. Auf dem Jakobsweg sind manche Strecken lang, eintönig und einsam und das alles in einer nicht immer attraktiven Landschaft unter sehr wechselhaften Wetterbedingungen. In der Theorie bestimmt jeder sein persönliches Lauftempo, aber in der Praxis ist es unmöglich, sich lange aufzuhalten, auch dann nicht, wenn die Füße weh tun und man erschöpft ist, weil man versuchen muss, vor der Nacht das nächste Gästehaus zu erreichen. Der Rucksack darf nicht zu schwer sein, man kann keine Campingausrüstung über lange Entfernungen schleppen. Zum Glück wird man oft von anderen Pilgern oder von Anwohnern unterstützt und ermutigt. Und einmal im Gästehaus angekommen, sollte man nicht den Luxus eines Drei-Sterne-Hotels erwarten. Die Pilgerfahrt ist nicht denjenigen zu empfehlen, die ihre Ferien tagsüber in der freien Natur und abends mit modernem Komfort verbringen möchten. Diese Reise in der Geschichte ähnelt nicht Ferien im Club Méditerranée! Hier ist der Weg das Ziel und die mentale und körperliche Erfahrung die Belohnung.

1. Woher kommt der Name Jakobsweg? **De St-Jacques le Majeur, un des douze apôtres du Christ.**
2. Wer hat sich zuerst auf dem Weg gemacht? **Des aristocrates français.**
3. Warum ist der Jakobsweg so populär? **Chacun de nous connaît quelqu'un qui y est allé ou qui projette de s'y rendre.**
4. Welche Gründe für die Pilgerreise haben mit körperlicher Erfahrung zu tun? **Réaliser un exploit physique, vivre dans des conditions similaires à celles du Moyen-Age, passer des vacances actives.**

5. Wieso ist der Pilgerweg für manche Leute so attraktiv? **Pour connaître une période de méditation et de réflexion, chercher une dimension spirituelle, mais aussi pour passer des vacances différentes et bon marché.**
6. Welche Aussage machen viele Leute nach der Tour? **Ils disent qu'ils en sont revenus transformés.**
7. Warum ist eine normale Wanderung anders als der Jakobsweg? **Parce qu'après quelques heures d'effort, on retrouve sa voiture et plus tard son confortable chez soi.**
8. Welche Schwierigkeiten erwarten den Pilger? **Certaines étapes sont longues, monotones et solitaires, tout ça, dans un paysage pas toujours attrayant et avec des conditions météorologiques qui changent vite.**
9. Wieso kann man sich nicht lange aufhalten? **Parce qu'il faut essayer d'arriver au prochain centre d'hébergement avant la nuit.**
10. Welche menschliche Erfahrung kann man machen? **On est souvent aidé et encouragé par les autres pèlerins ou par les personnes qui habitent le long du chemin.**
11. Wer sollte auf diese Reise verzichten? **Ceux qui désirent passer des vacances dans la nature pure pendant la journée et dans le confort moderne le soir.**
12. Welche Belohnung findet der Pilger? **L'expérience mentale et physique est la récompense.**

Plattform 2 (Lektion 4–5, Modul 1–3)

1 **Napoléon:** Il est né en Corse. Il fait construire l'Arc de Triomphe. Il transforme Le Palais du Louvre en musée. Il est mort sur l'île de St-Hélène. **Louis XIV:** On l'appelle le Roi-Soleil. Il impose son autorité absolue. Il engage les meilleurs artistes d'Europe. Il a 23 ans à la mort de son premier ministre.

2 Versailles, c'est un château que beaucoup de rois ont copié. – Waterloo, c'est l'endroit où Napoléon a perdu une célèbre bataille. – Mazarin, c'est l'homme qui était le Premier Ministre de Louis XIV. – «Guerre et Paix», est un roman dont l'auteur s'appelle Tolstoï. – Ajaccio est une ville corse dans laquelle Napoléon est né. – Le Nôtre est le jardinier auquel Louis XIV donne l'ordre de dessiner les jardins de Versailles. – Les révoltes auxquelles Louis XIV met fin, lui donnent le pouvoir absolu.

3 s'endormir: **se réveiller**; sortir: **rentrer**; arriver: **partir**; dire la vérité: **mentir**; commencer à: **arrêter de**; aimer: **détester**; construire: **détruire**; éteindre: **allumer**; se souvenir de qc: **oublier qc**; enlever qc: **mettre qc**.

4 le début, le commencement ↔ la fin; la banlieue ↔ le centre-ville; la liberté ↔ l'esclavage; la vie ↔ la mort; la pluie ↔ le soleil; l'enfer ↔ le paradis; la qualité ↔ le défaut; le jour ↔ la nuit.

5 C'est quelque chose … 1. qui sert à ouvrir et fermer les portes: **la clé**; 2. dont on a besoin pour attraper des poissons: **une ligne**; 3. qui passe au-dessus d'une rivière ou d'un fleuve: **un pont**; 4. qui tombe du ciel et qui est blanc et froid: **la neige**; 5. dont on a besoin pour installer ou réparer quelque chose: **les outils**; 6. que tu fais avec des amis pour t'amuser: **un jeu**.

6 Hier, j'ai pris le **mauvais** bus, alors je suis **vite** descendue. – C'est parce que tu as **bien** travaillé que tu as eu de **bonnes** notes. – **Malheureusement**, il y a de très **grandes** différences entre les pays **pauvres** et les pays **riches**. – Elle veut **absolument** être la **meilleure**. – Ce mot est **correct** mais tu le prononces **mal**. – C'est **dfficile** de vivre **autrement** que les autres.

7 Est-ce que vous avez vu quelque chose? – Tu as envie de partir avec moi? – Votre exposé durera combien de temps? – Qu'est-ce que tu feras pendant les vacances.

8 Le prof nous a dit **que c'était** Napoléon qui **avait créé** le bac.
Il m'a demandé **quand je reviendrais**.
Céline m'a raconté **que ses** parents **allaient** divorcer.
Nicolas a demandé **si** tous les élèves **devaient** venir.
Elle nous a demandé **ce que** nous **pensions** de **ses** nouvelles lunettes.
On nous a dit **que** beaucoup de rois **avaient copié** Versailles.

9 **Lektion 4:**
Samuel *en* a marre: **de sa ville grise, de l'appartement, de la violence, d'être victime**; – Samuel *lui* tourne le dos: **à Vanessa**; – Sa mère lui a dit: «On *en* parlera plus tard.»: **de son rêve de devenir artiste peintre**; – Samuel avait dû *les* voler dans la pharmacie de sa mère: **les médicaments, les drogues**.

Lektion 5:
Il faut *y* venir entre décembre et mai: **à la Guadeloupe**; – On peut *en* faire sur les rivières de l'île: **du kayak**; – On dois *y* faire très attention car ils sont dangereux: **aux requins**; – On *le* parle en Martinique et en Guadeloupe: **le français et/ou le créole**.

Modul 1:
Sa mère *l'*a mis à l'internat parce qu'il a fait des bêtises: Pierre Morhange; – M. Mathieu *la* prend et *l'*éteint: la cigarette; – Le directeur veut *lui* plaire: à la comtesse; – M. Mathieu *leur* donne envie de chanter: aux élèves de l'internat.

Modul 2:
On *les* a beaucoup applaudis: les quatre jeunes du club Ados Surf; – Ils auraient été bêtes de rater *ça*: le mascaret / la compétition de St-Pardon; – Un surfeur doit *y* rester le plus longtemps possible: sur sa planche; – Les pompiers ont mis quatre heures pour *le* retrouver: le jeune Farid.

Modul 3:
Le père de Benjamin *les* avait faites en cinq minutes: les pâtes; – Benjamin n'*en* a aucun souvenir: du temps où son père vivait à la maison; – Le père de Benjamin *l'*a rencontrée au bord de la mer: la (future) mère de Benjamin; – Ben et son père *y* dorment pendant leur tour: sous la tente.

10 a) Bon anniversaire! – b) Oui, elle nous casse les pieds avec ses questions. – c) C'est vrai, il a un poil dans la main. – d) Chapeau! – e) Le pauvre! Qu'est-ce qu'il a? – f) D'accord, à tout de suite.

11 Ils n'ont attrapé aucun poisson. – Ils n'ont eu aucun problème. – Je n'en avais pas eu souvent besoin. – Il n'a plus voulu la voir. – Il n'avait rien dit à sa mère. – Je n'ai jamais habité dans une tour. – On ne doit rien lui dire. – Ils ne lui ont plus demandé de drogues. – Je n'y ai plus pensé.

12 a) Mes parents voudraient que je fasse des études. Mes parents pensent que je fais des études. – b) Il m'a dit qu'il viendrait cet été. Je ne crois pas qu'il vienne cet été. – c) J'espère que tu seras contente. Je souhaite que tu sois contente. – d) Elle aimerait que le français soit plus facile. Elle trouve que le français n'est pas si difficile.

13 Je regrette de ne pas pouvoir venir avec vous. – Napoléon exigeait que ses soldats lui obéissent. – On pense que c'est Louis XIV qui a dit: «L'Etat, c'est moi.» – Je ne savais pas que Napoléon avait créé le bac.

14 Si la chorale plaît à la Comtesse, elle donnera de l'argent à l'école. – S'ils avaient eu un hameçon, ils auraient pu attraper des poissons. – Si ses parents vivaient encore ensemble, Benjamin serait plus heureux. – Si Mathilde et Farid avaient su que le mascaret était si chouette, ils seraient venus plus tôt à St-Pardon. – Si vous visitez les Antilles, vous n'oublierez jamais ces moments. – Si on prend ce chemin, on arrivera les premiers.

15
a) Si Napoléon avait été le Roi Soleil, il aurait fait construire Versailles.
b) Si j'avais été un pauvre paysan, j'aurais fait moi aussi la Révolution!
c) Si Napoléon avait gagné la bataille de Waterloo, il serait resté empereur.
d) Si j'avais vécu au 18e siècle, j'aurais aimé habiter dans un château.
e) Si Napoléon avait été plus grand, il n'aurait peut-être pas rêvé d'une «grande» France.

17
Dans la nuit du 16 août 1661, Louis XIV va à Vaux-le-Vicomte (pour assister) à une fête organisée en son honneur par Nicolas Fouquet, son Ministre des Finances. Fouquet, un homme riche et un mécène a engagé les plus grands talents de France pour la construction de son nouveau château de Vaux-le-Vicomte: le style, les décorations, les meubles, les jardins, tout présente une incroyable perfection. Louis XIV se sent provoqué car les palais dans lesquels la famille royale vit sont loin d'être aussi luxueux. C'en est trop pour le Roi Soleil! Le 15 septembre, il envoie d'Artagnan et ses mousquetaires pour arrêter Fouquet. Fouquet restera en prison jusqu'à sa mort. Et le roi laissera vite construire Versailles et exigera que ce soit plus grand et plus beau que Vaux-le-Vicomte.

18
Fotoalbum:

1re photo: Sur cette photo, on voit Samuel dans un lit d'hôpital parce que Max et sa bande lui ont cassé le nez. Sa copine Vanessa vient le voir mais Samuel n'a pas le courage de lui parler. Il rêve d'une vie heureuse avec elle.

2e photo: Cette photo montre une plage des Antilles. On voit des bateaux de pêche et des bateaux à voile sur le sable blanc. Au fond, il y a des palmiers. Au loin, on voit des gens qui se baignent. C'est une image pleine de couleurs et de calme.

3e photo: Cette image représente la situation des esclaves dans les colonies. Ils doivent travailler très dur et ils n'ont aucun droit.

4e photo: Cette photo vient du film «Les Choristes». Elle montre M. Mathieu en train de faire chanter ses élèves. A gauche, on voit Pépinot, assis sur le bureau du maître. A droite, il y a le squelette sans cigarette! M. Mathieu a l'air très concentré.

5e photo: Cette photo montre des surfeurs sur le mascaret à St-Pardon. Ici, on peut voir la plus longue vague d'Europe. Il s'agit pour les sportifs de rester le plus longtemps sur cette vague.

6e photo: Ici, on voit Benjamin et son père en train de pêcher dans une rivière. Ils ont l'air contents d'être ensemble.

Bildquellen

S. 9, 56: Klett-Archiv (Marco Polo / Naudin), Stuttgart
S. 10, 14, 29: Marco Polo Agence Photographique (Naudin), Paris
S. 28, 35, 40, 57, 60, 62, 71, 91, 110, 122, 134, 135: Klett-Archiv (Naudin), Stuttgart;
S. 28: Stanislas André;
S. 42, 86, 132, 135: Cinetext (Constantin), Frankfurt;
S. 57: Fotofinder (A. Hess), Berlin;
S. 64: Avenue Images GmbH (RF / Iconotec), Hamburg;
S. 72: Klett-Archiv, Stuttgart;
S. 75: Fotofinder, Berlin;
S. 77: ullstein bild (Roger Viollet), Berlin;
S. 86, 132, 135: Cinetext (Constantin), Frankfurt;
S. 105: Sipa Press (LORENVU), Paris;
S. 126: laif (Jerome Sessini / Gam), Köln;
S. 134: Bridgeman Art Library, Berlin;
S. 134: Corbis (GIRAUD PHILIPPE / SYG), Düsseldorf;
S. 135: laif (Gamma / DUBROCAS SER), Köln.

Lernen, wie es dir passt!

Warum immer nur mit dem Schulbuch lernen?
Es gibt auch noch andere Möglichkeiten, z. B. CDs oder Software passend zum Schulbuch! Das sorgt für Abwechslung und bringt nicht nur etwas für die nächste Klassenarbeit.

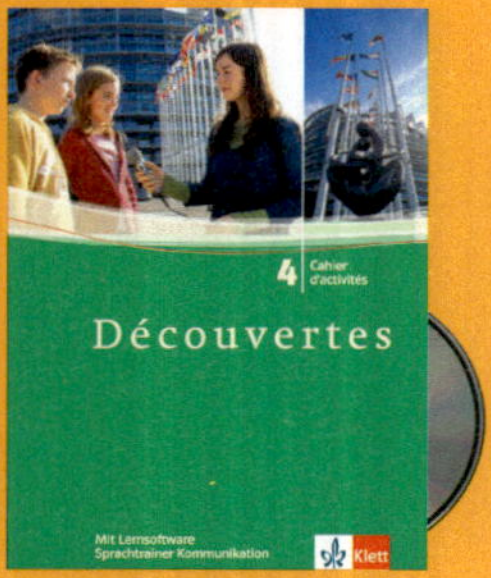

Cahier d'activités mit Lernsoftware

Das Arbeitsheft mit dem Sprachtrainer Kommunikation auf beiliegender CD-ROM (für PC)

zu Découvertes Band 4
ISBN 978-3-12-522824-5

99 grammatische Übungen

Passend zu jeder Lektion. Mit Lösungen.

zu Découvertes Band 3 und
ISBN 978-3-12-523119-1

Grammatisches Beiheft

Grammatik ganz anschaulich. Zum Lernen, Nachschlagen und Wiederholen. Mit vielen Übungen zur Verständniskontrolle.

zu Découvertes Band 4
ISBN 978-3-12-523862-6

Klett Sprachtrainer Französisch

Software mit Grammatik-, Vokabel- und Kommunikationstrainer sowie einem Extra-Modul zur Prüfungsvorbereitung.
CD-ROM für PC.

zu Découvertes Band 4
ISBN 978-3-12-523714-8

Fit für Tests und Klassenarbeiten

Gezielte Vorbereitung auf die nächste Klassenarbeit. Mit Musterklassenarbeiten, Lerntipps und CD-ROM/Audio-CD

zu Découvertes Band 4
ISBN 978-3-12-522094-2

Ganz einfach unter **www.klett.de** bestellen. Hier gibt es neben Produktinformationen und Software-Demos auch noch viel Wissenswertes rund um das Thema Lernhilfen und Lernsoftware.

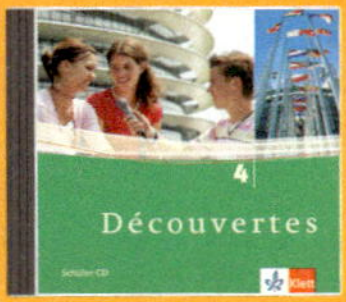

Schüler-Audio-CD

Texte, Lieder und Ausspracheübungen des Schülerbuchs, zusätzlich die Hörverstehens-Übungen des Cahier d'activités.

zu Découvertes Band 4
ISBN 978-3-12-523866-4

Basisgrammatik Französisch

Der gesamte Lernstoff der Sekundarstufe I jahrgangsübergreifend, anschaulich und in systematischer Form.
ISBN 978-3-12-521708-9

Die französischen Verben

Das neue Nachschlagewerk enthält fast alle französischen Verben. Praktische Konjugationsmuster bieten vollständig durchkonjugierte Musterverben sowie durchkonjugierte unregelmäßige Verben. Mit alphabetischer Verbenliste und umfangreichem Grammatikteil.

Abgestimmt auf Découvertes.
ISBN 978-3-12-523706-3

Ernst Klett Verlag, Postfach 10 26 45, 70022 Stuttgart
Telefon 0180 · 2553882*, Telefax 0180 · 2553883*
www.klett.de

*6 ct/Anruf, Fax im Festnetz T-Com, aus Mobilfunknetzen max. 42 ct/Minute; eine Servicenummer der QSC

Klett